职场领导力系列

综合力提升

掌握评估、绩效与专业发展

［美］保罗·法尔科内（Paul Falcone） 著

李蕾 译

中国科学技术出版社

·北 京·

Leadership Offense: Mastering Appraisal, Performance, and Professional Development by Paul Falcone / ISBN: 9781400230044
Copyright ©2022 Paul Falcone.
Published by arrangement with HarperCollins Leadership, an imprint of HarperCollins Focus, LLC.
Simplified Chinese edition copyright © by China Science and Technology Press Co., Ltd
北京市版权局著作权合同登记　图字：01-2022-6667。

图书在版编目（CIP）数据

综合力提升 /（美）保罗·法尔科内（Paul Falcone）著；李蕾译 . — 北京：中国科学技术出版社，2023.6

（职场领导力系列 / 刘畅主编）

书名原文：Leadership Offense: Mastering Appraisal, Performance, and Professional Development

ISBN 978-7-5236-0107-5

Ⅰ . ①综… Ⅱ . ①保… ②李… Ⅲ . ①领导学 Ⅳ . ① C933

中国国家版本馆 CIP 数据核字（2023）第 043241 号

策划编辑	贾　佳　牛岚甲	责任编辑	孙　楠
封面设计	创研设	版式设计	蚂蚁设计
责任校对	张晓莉	责任印制	李晓霖

出　　版	中国科学技术出版社
发　　行	中国科学技术出版社有限公司发行部
地　　址	北京市海淀区中关村南大街 16 号
邮　　编	100081
发行电话	010-62173865
传　　真	010-62173081
网　　址	http://www.cspbooks.com.cn

开　　本	787mm×1092mm　1/32
字　　数	77 千字
印　　张	6
版　　次	2023 年 6 月第 1 版
印　　次	2023 年 6 月第 1 次印刷
印　　刷	北京盛通印刷股份有限公司
书　　号	ISBN 978-7-5236-0107-5/C·230
定　　价	59.00 元

（凡购买本社图书，如有缺页、倒页、脱页者，本社发行部负责调换）

序

　　领导力的"进攻",如同领导力的"防守"一样,也借鉴了体育界的常用术语,二者相辅相成。毕竟,我们大多数人都知道,对于所有球队来说,进攻和防守的位置和战略部署存在区别,无论是足球、篮球、棒球、曲棍球,还是其他任何运动都是如此。有趣的是,这种范式同样适用于商业世界,更具体地说,适用于领导力。毕竟,为企业一线领导团队"增肌",这是本套"职场领导力系列"丛书的总目标,这不仅利于整个团队的发展,也会使你自己受益匪浅。一旦你的领导力"肌肉"初具规模,不妨趁热打铁,这就是你职业生涯中的依仗。建立良好的习惯,确立正确的方向,这种专注的训练会让你受益终生。这是一项明智的投资,回报巨大。

领导力的"进攻",也就是领导力的应用,包括如何动员员工、留住人才;如何打造让人们有参与感的工作环境,使员工自愿为了直属上司和公司的利益提高工作积极性;如何让员工爱上公司,并在工作中尽心竭力;更重要的是,如何利用绩效最高的员工的劲头和付出来"激励普通员工"。普通员工数量大概占公司全部员工的70%,他们总体上表现良好,但缺乏激情和责任感,所以无法将每天的工作做到最好。

这些问题听起来很复杂,因为这些涉及人力和企业行为的要素是企业的主要利润杠杆。要解决这些问题足够写一本书了。想一想:专利产品仅在专利权期限内属于你,技术和软件的竞争优势转瞬即逝,会迅速被更广泛的市场所吞噬,有时限的优势(如低利率)总会失效,你不得不依靠其他东西来使自己的公司从竞争中脱颖而出。那么,从长远来看，是什么帮助一家公司更长久地拔得头筹呢？答案就是人力资本资产——是在制造、销售、营销和分销过程中创造、销售、分销产品的人力；是关乎这些资产生成部门的内部支持团队，如人力资源、IT和财务；是能确保产生足够的收入和利润，维系公司健康发展的高级领导团队。

毫无疑问，如果不密切关注激励因素、敬业度、投入度、责任心及其他确保人们可以享受工作、创造健康环境的积极因素，任何领导力发展项目，哪怕不是泛泛之谈也无法长远。那么，如何维持这种状态，长久之计何在？本书是本系列的第三册，在书中我们将有机会探讨工作的积极性、被认可的重要性、学习曲线的价值以及无私的领导、开放式沟通和成功团队建设的关键性。

让我们一起来探索指导（而非"管理"）员工的意义吧。来看看，如何创建一个提高生产力的绩效管理系统，让每个员工提供最高水平的服务。来看看，如何建立领导力培养计划，不仅要吸引最优秀、最有悟性的人才，而且要在他们取得成就、掌握新技能的同时留住他们。对所有领导者来说，这绝对是你力所能及的事情。你可以为那些储备人才培养这种意识。同样，也可以将你的理念、教学和职业发展战略传递给追随你的下属，让职场智慧薪火相传。

领导力是职场给予你的最大的礼物，因为它让你有机会积极地影响他人的生活，并反过来培养更多的领导者。让我们一起努力，锻炼这块"肌肉"，磨炼这项技艺，打造这种理念；让我们脱颖而出，惠及我们的下属，为企业创造竞争优势。你是人才资产，是利润杠杆。你要开拓格局，扩大视野并把握机会，<u>重塑</u>、反思、促进、包容，培养周围那些需要你关心的人。你要抓住你作为领导者所拥有的绝佳机会，好好珍惜。我很荣幸能陪伴你进行这次冒险。

免责声明：在本书中，本人将会交替使用"他"和"她"，使用虚构的男女角色举例。但很明显，本书提及的所有案例适用于任何人。此外，请始终牢记，本书并非旨在解决就业实践中复杂问题的法律指南。本书不会提供法律建议，因此若你需要适当的法律顾问和指导时，本书无法代替持照执业律师。你必须咨询律师，以获取与实际情况相关的法律建议。

目录

第一章 塑造教练文化 / 001

一种面向当今工作场所的新的文化建构 / 003

教练式领导：当今职场的新文化构建 / 007

教练式领导与传统管理 / 012

员工敬业度：至关重要的起点 / 020

鉴别高潜力人才，培养领导者储备人才 / 025

提升普通员工工作能力：团队发展的明智之举 / 031

你是教练式领导吗？评价自己的领导风格 / 036

第二章 绩效管理：实时反馈，季度目标，检查和年度汇报 / 045

传统年度绩效评估系统的局限性 / 052

培养成就心态：目标设定和进度衡量 / 058

前进道路：实时反馈 / 067

季度报告和检查：教练的机会窗 / 073

自我评估的关键：为年度评估做准备 / 081

起草绩效评估报告前评定

 标准和总体得分的一致性问题 / 087

年度绩效评估会议：客观反馈和重新参与 / 094

绩效评估记录技巧：提升书面表达能力 / 101

当今职场必备的关键能力——创新能力、

 远程工作能力、变革能力和灵活应变能力 / 107

绩效评估模板不能完全满足要求时采取的措施 / 114

制订有效的绩效改进计划 / 119

第三章 激励因素、专业和职业发展 / 125

无须奖金就能激励员工：职场生活的圣杯 / 129

激励因素的本质：迅速扭转局面的五个步骤 / 137

挽回不安分的优秀员工：满足个人职业发展需求 / 146

"留任面谈"：比挽留措施更胜一筹 / 153

采取挽留措施，确保自己的做法无误 / 162

识别职业倦怠,根据员工个人

需要重新激发其工作动力 / 168

员工至上:地位高于客户和股东 / 175

第一章

塑造教练文化

第一章 塑造教练文化

一种面向当今工作场所的新的文化建构

领导者的成功是由团队成员的成功直接衡量的：他们的成功就是你的成功。因此，仅仅造就优秀员工的技能不一定能帮你成为优秀的领导者。作为领导者，你还应该努力塑造一种"教练文化"，重点在于无私和关心他人；关心下属在个人和专业方面的成长；坚持以同理心倾听，帮助下属找到应对挑战的方法，而不只是为他们提供答案；作为企业中的管理者，你要对自己管理的人负责。

读到这里，你可能会停下来，想："等等，我来公司可不是为了给员工当职业发展顾问的。我有自己的工作要做。他们需要自己摸索成功之路，我也是这么过来的。在我的团队中，不存在手把手的指导，也不会惯着他们，我不喜欢'放养'这个词，不过……既然我能行，他们也该做到。"

综合力提升

不过，让我们再看一下你的前提。虽然没有所谓的正确或错误，但你的第一反应有可能有些与时代脱节。首先，你要了解，截至撰写本文时，千禧一代[①]和 Z 世代[②]目前占劳动力的 50%，随着最后一批婴儿潮一代[③]将于 2030 年前退休，这一比例更将大幅增加。这些员工想要什么？他们想要职业指导，专业发展，企业承担相应的社会责任，对环保主义的承诺，以及更加多元化、更具包容性的公司。难道这些理想听起来太过崇高而且不真实吗？不是的，这些都是合理的，而且是深思熟虑的。其次，从公司战略的角度来看，这意味着如果你不能

---

① 千禧一代是指出生于 20 世纪且 20 世纪时未成年，在跨入 21 世纪（2000 年）以后到达成年年龄的一代人。——编者注
② Z 世代是指新时代人群，通常指 1995 年至 2000 年出生的一代人。——编者注
③ 婴儿潮一代是 1945 年至 1965 年出生的一代人。——编者注

第一章

塑造教练文化

至少满足其中的部分条件,那么你可能会面临人才缺失的问题(也就是说,员工过早离职,或企业绩效低迷)。

此外,如果简单看一下员工团队未来的发展,你会发现呈现以下主要趋势:

- 随着机器人技术、人工智能和零工经济的发展,就业岗位有了新的发展,人们对工作、角色和职业道路的期望也随之发生变化。
- 批判性思维、解决问题、沟通和情商等基本技能是我们未来经济的基石。
- 雇主的需求将越来越侧重于领导力和社会影响力、创新、解决复杂问题的能力以及学习和积极倾听的能力。

简而言之,新经济需要知识型员工,他们通常比老板更了解自己的工作。如果你能包容他们的智慧、社交/情感和精神需求，然后在他们找到新的、有创造性的方式来完成工作时，给予他们行事的自由，管理工作会更简单。以一个新的角度看待领导力的益处，必然会在这方面对你有所帮助。

让我们一起来培育教练文化，了解怎样培养和发展人才，这是你除完成本职工作之外的核心职责之一。不过，如果你的领导风格产生了具体的效果，其他人可能会效仿，不要惊讶。文化可以自下而上地改变，所需的只是一种愿景和技能，一种勇于变革的领导风格，将员工及其所做的工作提升到一个新的水平。来吧，我们一起讨论一下怎么实现这一点。

第一章
塑造教练文化

教练式领导：当今职场的新文化构建

企业文化是当今的一个流行词语。描述一种健康的企业文化很容易，但想要实现和维持一种企业文化却困难得多。企业文化是指企业行事的方式，包括企业驱动力和包容性，涵盖了领导风格、多代包容、冲突解决、伦理道德、多元化导向、战略思维、运营策略等。然而，如果仔细研究，你会发现它传达的是一个企业的风格、价值观、理念和使命，它包含在大的企业个性之中：

- 公司是属于趣味型、创意型还是创新型？
- 公司是锐意进取，采取家长制作风，正规严谨，还是注重人才培养？
- 公司是大公无私、凝聚力强、注重人文关怀，还是偏向于严苛的条条框框？

- 员工是容易融入集体，还是有很多小团体？
- 员工是否对领导团队有一种情感上的信任，是否明白领导团队关心他们及他们的利益？

教练式领导对企业文化有很大的影响。它侧重于高层和中层管理人员所持有的价值观，这些价值观会严重影响团队和员工个人的工作体验。虽然你无法以一人之力改变整个企业的文化，但你有能力在自己的部门或团队中塑造自己的集体文化，这会影响你的下属在公司的工作体验，更会影响下属在你部门工作时的体验。

教练式领导创造了一种战略清晰、目标明确、对成功有很高期望以及持续问责的文化。它立足于建立信任关系、挖掘个人潜力、建立承诺和完成目标；它的基础是假设每个人都可以成长，每个人都有潜力成为更好的人，无论出发点是什么；它旨在专注于建立信任、挑战范式、提供有效反馈以及移

第一章

塑造教练文化

情倾听；它让人们重新审视自己的观点，找到自己的解决方案，设定个人目标和未来发展方向。

教练式领导源于"无私式领导"的原则，领导者将他人的需求放在自己之前，并期望他人以善意回应。该原则认为任何工作都满足不了人类精神需要，并提出了一个谦卑的问题：

你们当中有多少人认为自己拥有的才能、抱负、能力、技能和热情，值得更好的岗位？

要知道，大多数员工认为，在工作中，时限、资源缺乏以及领导者的个人缺点或缺乏敬业精神，都会对他们的工作产生限制。无私式领导努力帮助员工不断完善自我，以完美地完成他们预先设定的目标，并在他们取得成就时不吝赞美。

我知道，这种领导者听起来太完美了，似乎不切实际。然而，虽然要成为员工眼中的这种领导者并非易事，但你值得为之努力。这源于对他人纯粹的关怀；在于你愿意倾听并支持员工、鼓励员工做

综合力提升

最好的自己,帮助员工把个人职业兴趣和公司利益高度契合在一起。这关乎情商、积极倾听、高明的指导,在这种指导中,你提出的问题多于给出的答案,指导过程充满乐趣和欢笑。简而言之,教练式领导的关键在于利他性。

可能你在职业生涯中已经有过这种体验,但你还没有意识到。你有没有最喜欢的老板?你是否心甘情愿为某个人工作过,他让你觉得自己的意见很重要,他鼓励你迎接挑战,完成了你觉得自己不一定能胜任的工作,或者以其他方式给了你特别的职场体验?如果是这样,那么你有一个了不起的教练式领导。那个人可能是你的直接上司、团队领导或部门负责人,你应该庆幸自己亲身体验过无私的领导力。如果你在职业生涯中还没有遇到过这种领导,那很遗憾,不过以后总有希望会遇到的。请记住,"坏老板"在我们的职业生涯中同样重要,因为他们让我们知道自己不能成为什么样的人,为我们

第一章
塑造教练文化

提供了反面教材的范例。但这不是你阅读本书的初衷。在接下来的阅读里，你现在要问自己的问题是：你将如何实现这一目标？你将如何成为追随你的人的教练？你想成为一个擅长发展团队、改变团队萎靡不振状态的人吗？你想要挖掘员工连他本人可能都没发现的潜力，培养高潜力员工吗？

无私的领导力、情商和真诚的关怀，这是教练文化发挥作用所需的要素。永远不要忘记，全世界都在注视着你。他们在期待你备下的大礼——不妨送他们一份包含激励、真诚的关心、轻松愉快的氛围和适时赞美的礼物。你打造的集体文化可能无法影响整个公司，但你的团队将成为所有人渴望加入的理想团队，而你将成为每个人都想跟随的领导，其成效自然会随之而来。这就是教练文化的魔力。时间会让你看到它如何改变了企业的个性。最重要的是，只要你愿意成为第一张多米诺骨牌，改变便可即刻发生。

综合力提升

教练式领导与传统管理

传统的管理模式侧重于维护控制、制定决策、下达指令以及期望他人遵守命令和指示。可以说，这种管理模式在自上而下、家长式结构和劳动力受教育程度较低的环境中运作良好。如今，许多管理者仍实行这种管理模式，他们认为，因为自己是管理者，比别人知道得更多，所以有权力和责任替别人做决定。

但这个时代的知识型员工受过良好的教育、精通技术，是具有战略思维的合作伙伴。自上而下的传统管理模式扼杀员工个性，不适合创新和自主远程工作。相反，专注于培养人才，并将个人的职业发展和专业发展与企业的利益联系起来的教练式领导风格可能会让公司走得更远，成效也会更显著。

高管教练不隶属公司，是作为顾问被临时聘用

第一章

塑造教练文化

（聘用时间通常为 3、6 或 12 个月），以帮助高管成为更强大的领导者。高管教练的目标是建立更高层次的自我管理、自信和自我实现。教练专注于帮助客户即领导者提高绩效，或解决特定问题（也称为绩效教练），或强化领导者应对障碍的能力（发展教练）。在第一种情况下，教练帮助高管完成关键绩效指标（KPI），而在第二种情况下，教练帮助高管达到特定的关键行为指标（KBI）。任务的目标是：

- 客观评估情况。
- 帮助客户增强意识。
- 研究其他取得成功的方法。
- 设定终极目标和阶段性目标。
- 逐渐减少与客户的接触，使其形成新的习惯，在没有教练陪同的情况下也能成功。

综合力提升

实际上，外部教练的角色与内部教练的角色相辅相成——高管和经理人关注的许多事情与外部高管教练关注的相同，但外部教练看待事情的视角是直接监督的角度。内部教练和外部教练有许多相同的目标，但在实际工作中可能会有所不同。外部教练采用结构化框架来解决领导者在指导员工的过程中面临的挑战和实现发展目标。在最高层次上的问题通常包括：

- 通过教练式领导课程，你想获得什么？
- 你想在你的职业生涯中留下什么？
- 你认为五年后"最好的自己"是什么样？怎样才能帮你达成这个目标？
- 你最热衷的问题是什么？
- 你最感兴趣的职业和职业相关机会是什么？
- 如果满分是 10 分，你给自己在规定时间内实现目标的动力打几分？

第一章
塑造教练文化

- 你认为让自己承担责任的最佳方式是什么？你如何判断目标的实现与否，或者如何衡量成功？
- 从长远角度和大局出发，在接下来的30/60/90天里，你希望重点进行哪方面的训练？

随着教练关系的继续，你们会讨论具体表现或行为改善领域，高管教练问的问题通常如下：

- 你过去是如何处理类似情况的？
- 如果你去找自己最敬佩的同事解决你的问题，对方会给你什么建议？
- 如果看到其他人处理类似情况，你有什么建议？
- 有没有另一种看待问题的方式？你的替代方案是什么？
- 持相反观点的人会怎么说？

综合力提升

- 可能会发生什么你还没有考虑过的事情?

正如你所看到的,高管教练试图从客户身上找出答案。他们的目标是通过思考问题得出最终结论,帮助客户找到自己内心的答案。如果客户的思考遇到了障碍,教练会提出后续问题来温和地引导和影响他们,这些问题有助于引导客户得出另一个结论和进一步的策略。在大多数情况下,客户提出的解决方案与教练最初建议的解决方案相同;但是,教练会帮助他们发现他们自己可以找到同样的解决方案。

听起来不错,但作为一个教练式领导,你怎么知道如何做到这一点呢?毕竟,你没有接受过专门的培训,也没有获得高管教练的认证。答案其实很简单:在与直接下属的讨论中使用这些相同的问题。为团队成员创造有保障的环境,让他们找到自己的解决方案。不要直接给出答案,学会询问员工

第一章
塑造教练文化

的真实想法，培养他们的自信和管理能力。简而言之，创建自己的结构化框架，以应对员工的挑战和发展目标。

但是你没有时间训练他们，即使你想，什么时间合适？同样，答案很简单：留出时间来帮助你的员工建立和监测他们自己的目标。然后每季度召开一次会议，让他们分享他们目标实现过程的进展。我们将在本书后面的部分对目标设定和季度检查会议展开讨论，但现在，只需确保以下内容完全在你的控制范围内：

- 帮助员工转变限制其进步的模式。
- 提高自我意识，实现转型变革。
- 帮助员工独立思考，设定自己的目标，并在遇到问题时提出自己的解决方案。
- 将员工对职业生涯和生活意义的理解提升到更高的层次、实现更高的目标、获得更大的成就感。

你所要做的就是关心员工。无论是在日常工作中,还是在季度和年度评估会议上,你要表现出耐心和真正的关心,引导员工找到自己的路。发挥领导力,这意味着你作为领导者,要关心员工的身体、情感、心理和精神需求。永远记住这一点:真正的改变是由内而外,而不是由外而内的。你要让员工自己承担起责任和义务。授人以鱼不如授人以渔。这就是最好的礼物。

练习

想一想之前的经历,有人坚持不懈地指导你,改造你,当时的重点是帮助你学习、提高和成长。这让你感觉如何?你是否觉得自己永远无法为别人做到这一点?当然不是。保持善良是职场成功的最快途径,你只需以善良和真实的态度领导员工。任

第一章
塑造教练文化

何人，如果持相反的主张，或者告诉你职场里要么是骗子，要么是恶霸，那么他们很可能无法引导你成为教练式领导。

员工敬业度：至关重要的起点

教练文化有一个标志，你也许会想从这里着手，那便是员工的敬业度。员工敬业度的主要驱动因素包括认可、职业发展以及与直接上司的关系。当然还有其他因素：工作内容和挑战、与同事的关系、资源和预算等。但是，如果想用几句话概括企业文化，那么只需看看沟通和认可的开放程度，企业是否优先考虑员工的职业和个人需求，与直属领导的牢固关系是否建立在信任基础上。

作为一线管理者，你如何对提升团队的员工敬业度产生积极影响？首先你要了解，美国公司每年在程序、软件和应用程序上花费了近100亿美元来提高员工敬业度，但许多美国员工会说这些投资并没有带来明显的变化。这是为什么？因为这不是员工自己的问题。与老板的关系推动了员工敬业度的

第一章

塑造教练文化

高低——这是真的，显而易见这种关系要么让你觉得老板是自己的后盾，要么让你采取措施保护自己免受老板的伤害。在后一种情况下，员工敬业度可能最低。

接下来，重要的是要意识到员工敬业度掌握在员工自己手中，而非领导手中。你不负责激励任何人：动力是内在的，你无法激励我，就像我无法激励你一样。但作为领导者，你有责任创造一个员工可以自我激励的环境。乍听起来这种作用好像微乎其微，但实际上意义深远：所有的发展都是自我内在的发展。公司可以提供最好的培训计划、交叉培训机会、学费报销福利，帮助员工获得额外的证书和执照等，但如果一个人缺乏动力，没有利用好这些资源，那么这些计划也无法帮他在职业生涯中学习、成长或进步。

要想切实地提高员工的敬业度，可以考虑实行以下操作（我们将在本书后面进行探讨）：

> 综合力提升

- 进行"留任面谈",确保优秀员工充分投入工作,并因出色的工作表现获得认可。
- 为"明星员工"提供更大的挑战,让他们在企业内承担更大的责任,尤其是担任公司代表、合伙人和导师/培训师。
- 主动帮助团队成员更新简历和领英[①]个人资料信息,将他们在为公司增加创收、减少开支或节省时间等方面的成绩和贡献写入档案。
- 为表现平平的员工确定拓展性任务目标,这些员工可能准备好了迎接新的机遇。
- 鼓励员工掌握新的技术和软件技能,帮助他们为职业发展的下一步行动做好准备。
- 实行轮岗制,让员工可以在其他部门"试用"两周(或两周内每天在别的部门工作几个小时)。

[①] 领英即 LinkedIn,是美国的一个面向职场的社交平台。——编者注

第一章
塑造教练文化

当然，针对每个公司的具体情况还会有更多的方法。以接纳的态度，将员工视为值得信赖的合作伙伴。鼓励他们学习、成长，让他们时刻充满自信，并始终心怀感激之情。

然而，也要认识到，对于某些人来说，职业成长和发展可能不符合他们目前的需要。相反，在任何时候，工作与生活的平衡和灵活性可能更重要，这取决于员工的个人或家庭情况。一些人可能不具备完成拓展性任务或学习新技能的雄心壮志，只想留在他们目前的岗位上。教练式领导的目的不仅仅是让所有员工在个人和职业上有更大的发展，它还帮助员工在工作中体验到更大的接受度，教他们从自身寻找答案和解决方案，并让员工相信自己每天都能够将工作做到最好。

事实证明，敬业精神和个人成就有多种表现形式。考虑到这一点，你需要集赛马和犁马特性于一身的员工：赛马通常会在比赛中获得大奖，但只能

综合力提升

在短距离内冲刺；犁马很少能参加赛马比赛，但它们可以季复一季、年复一年地完成任务。教练式领导使员工可以安稳地实现两种特性之间的平衡。员工敬业度体现在员工与老板、团队成员和公司之间的情感承诺和联系水平上，取决于他们在工作和个人生活中的成功程度。敬业度体现了员工在工作中的专注力、精力和自主努力，如果你的团队行事都表现出你身上散发出的平和与智慧，这对于领导者而言是极大的成功。帮助员工取得更大的成功，他们的敬业度也会更高。有一件事是肯定的：你给予员工高度的赞赏和信任，他们将以同样的方式回报你。你的付出总是以某种形式回到你身边。这就是宇宙法则，利用好这一点便可惠及自身。

第一章
塑造教练文化

鉴别高潜力人才，培养领导者储备人才

无私的领导者会在公司里寻找能取代自己位置的人才。我知道，这听起来可能有悖常理，但从最崇高的意义上讲，你是在为直接下属的下一步职业发展做打算，正如公司的人员结构图所示，就是你自己的位置。不必担心，这不过是未雨绸缪。帮助他人在事业上取得进步，最终取代你，这就是你送给公司的终极大礼。毕竟，如果你暂时丧失工作能力，甚至突然离职，但公司却仍能正常运行，不恰恰证明了你有出色的领导能力吗？

理论上听起来不错，但许多领导者不会这样做，因为他们担心会失去饭碗或被后起之秀取代，对吗？好吧，事实上是这样，但也不全然如此：虽然许多人都对建立一支强大的团队在某种程度上感到不安，担心可能会失去工作，立即被取代，但事

综合力提升

情没这么简单。培养员工不一定会带来威胁，还可能带来意想不到的机会。因为一旦培养出了强大的团队，你将跃升为人才发展专员、团队转型专家，也将承担更多责任。这可以防止你在一个级别或一个职位上久居不动，并让你在职业生涯中获得成长和晋升。即使升职不是你的最终目标，想想几年后，如果你的团队成员前来感谢你，赞扬你是他们有史以来最好的老板，并将他们的成功归功于你的指导时，你该有多么自豪。

如何甄别部门或团队中那些已经准备好晋升的人？首先，你可以与你的老板和同事开展所谓的"校准会"，评估人员现状，这项工作通常在企业进行年度绩效评估时完成。例如，人力资源部门的领导召集其直接下属开会，他们是负责招聘、员工关系、薪酬福利、培训和人才发展、员工关系等的负责人，要求他们与领导小组的其他成员讨论各自的团队。每个人都有机会与外围小组人员的所有成员

第一章
塑造教练文化

分享自己部门的工作,希望找出那些已经有资格晋升、能承担更多责任的优秀员工。

这项工作通常在所谓的"九格网格"的帮助下完成。在这个工具中,领导者根据绩效和潜力来填入员工的姓名。一个简单的九格网格如图1所示。

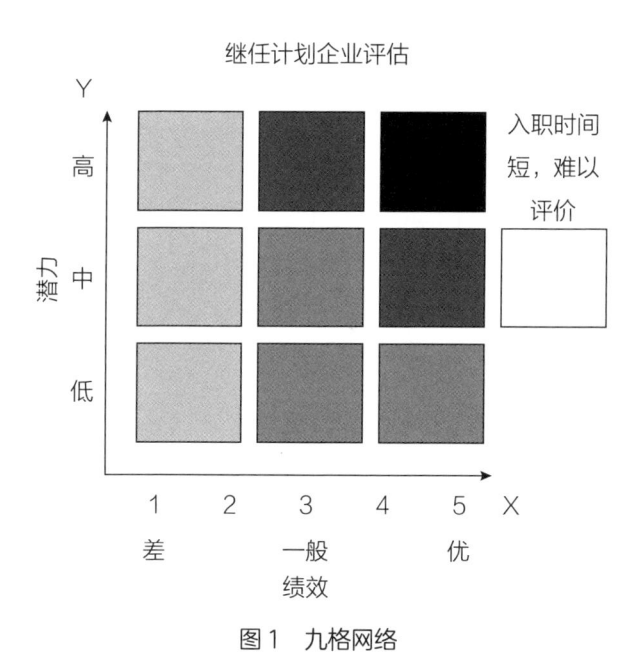

继任计划企业评估

图1 九格网络

根据领导团队的商议结果,将人员的名字填入格子，目标是找到最右上方格子中的人才。这是继任计划背后的核心理念，也在团队负责人之间创造了良性的竞争——他们舌灿莲花，只为让自己员工的排名尽可能接近右上角（高潜力，绩效优）。

另外，无论是否采用九格网格，你都可以从以下方面为潜在的领导者打分，并评估他们现在是否真的有资格晋升，以此进行人才校准。就算不用九格网格，你同样可以讨论他们需要多少时间才能准备好晋升到特定的岗位，在未来取代你或管理团队的其他成员。以下指标可作为选拔的参考。

- 曾获成绩和成就。
- 团队建设技能/同行信任。
- 判断和决策能力。
- 多元化导向、开放性、尊重他人。
- 客户满意度和忠诚度。
- 适应能力和变革管理能力。

第一章
塑造教练文化

- 沟通能力和倾听技巧。
- 技术技能和敏锐度。
- 创造力和创新能力。

可以参考的指标很多，排序不分先后。这在很大程度上取决于企业的目标和优先事项，这些指标同样也会在此类会议开始时进行评估。

最重要的是，你要明白这些校准工作是怎样与继任计划和年度绩效评估过程结合起来的：你在不断地识别、磨炼和培养人才。让人才培养成为企业文化的核心部分。无论是绩效好的员工还是绩效一般的员工，鼓励他们取得更大的成功，具体细节我们将在下一节中介绍。请注意，绩效较差的员工将在"保罗·法尔科内职场领导力系列丛书"的第四册中讨论。

不过，总体来说，你要确保自己的团队在你本人缺席的情况下也能全面运作。在你的领导生涯中尽早养成这种心态，因为这是一种健康、无私的心态，有助于你树立起"人才培养大师"的美誉。顺便说一句，在九格网格中，哪个团队的员工占的格子更多，这个团队的负责人往往就会被指定为部门主管的接班人。假如负责人的校准工作、继任计划和年度绩效评估都能做得很好并完美地配合好的话，那这将是展示你的人际关系和领导技能的绝佳机会。

第一章
塑造教练文化

提升普通员工工作能力：团队发展的明智之举

根据盖洛普公司（Gallup Organization）和其他机构的调查，大约有 30% 的职场人士认为自己能"全心投入"工作，并常常"尽心竭力"。大约 50% 的人称自己"有些散漫"，这意味着他们在工作中虽然貌似有条不紊，其实心不在焉。换句话说，他们不一定会付出最大的努力，更别提超常发挥了。更糟糕的是，几乎有约 20% 的人承认自己"故意走神"，这意味着他们正在积极寻找其他工作，或者故意做出与企业目标相悖的举动。没有一个职场能保证所有员工 100% 地投入工作，因此仍然要考虑以下问题：

- 如何利用好前 30% 的优秀员工，培养他们，让他们可担大任?

- 如何解决后 20% 的落后员工?他们不仅个人业绩落后,而且经常对团队其他成员的整体生产力和绩效产生负面影响。
- 最重要的是,你如何对待中间 50% 的普通员工?他们工作表现稳定,但不一定出色。如果你可以"改变普通员工",提高和培养这一群体的能力,是不是可以在整个公司产生最大的影响?有没有办法能让前 30% 的优秀员工发挥榜样作用,对中间 50% 的普通员工产生积极的影响?同样,如果你的团队或部门过渡到这种领导方式,会产生什么效果?

实际上,在大多数企业中,前 20%~30% 的人都是靠自己的努力才到了这个位置。他们凭借聪明才智、个性、强烈的职业道德或雄心壮志,在事业

第一章
塑造教练文化

上脱颖而出。留住和培养这些人才至关重要。然而，一个可悲的事实是，大多数公司把大部分时间和精力都花在了20%的落后员工身上——制定政策来处理违规行为，处分、终止劳动合同甚至是解雇那些贡献小的个人和团队。

但是处于中间50%的普通员工常常被忽视。他们日复一日地做着自己的工作，毫无怨言。他们始终如一地做出贡献，虽然往往并不突出。他们为了生活而工作，而不是为工作而生活，虽然这不一定是一件坏事。但他们蕴含巨大的潜力，往往未被开发。毕竟，他们不一定像前30%的优秀员工那样能获得月度或年度员工奖；也不像后20%的落后员工那样经常因为被投诉而进出人力资源部，历经艰难的谈话、团队干预和留档警告。因为，"中间"群体可能恰恰影响力最大、隐藏着最多的机会。他们可能会在领导力方面给予你最大的投资回报。对于这个群体，你最有可能将员工从"中间"提升到"顶级",而他们的提升全要归功于你出色的领导力、沟通能力和团队建设能力。

关键问题是,你如何帮他们现实提升。怎样保持优秀员工的积极性,并实现马斯洛需求理论的最高层次(体验到真正的成就感和职业满足感),同时鼓励、推动中间50%的员工进入前30%的行列?答案是提高员工敬业度。员工敬业度已成为人力资本人才管理的"圣杯"。员工敬业度是指个人与企业目标和价值观一致,以更好地促成业务成果、推动个人抱负发展的程度。它将个人内在的职业和职业兴趣(个人收益)与企业的成长和发展目标(公司收益)相结合,打破心灵壁垒,培养员工真正坚定的信仰,提高他们的工作积极性。在阅读本书时,让我们回顾一下我们为前30%和中间50%的员工制定的员工高敬业度、高绩效、高生产力的策略,用以让某些普通员工跃升前列。这是一个宏伟的计划，很可能会帮助你成为员工最喜爱的老板和导师——这是一个令人钦佩的目标，对你、对员工，以及最重要的是对你的公司都有好处。

综合力提升

你是教练式领导吗？评价自己的领导风格

具备教练式领导潜质的人具有以下特点：

- 以身作则 / 展示榜样领导力。
- 表现出高标准的道德和公平。
- 将员工的需求置于自身需求之上。
- 为下属进行周密的工作安排、引导和反馈。
- 确保开放式沟通、注重同事情谊。
- 表彰和奖励员工成就。
- 鼓励员工为自己的行为承担责任。
- 积极倾听，拥有同理心。
- 面对竞争需求，有效分配资源。
- 营造相互信任、相互关怀的文化。
- 将战略愿景转化为具体的行动计划。
- 不断赢得下属的尊重。

第一章
塑造教练文化

- 让员工对自己的绩效负责。
- 随时分享信息,培养员工,让员工发挥自己的特长。
- 为实现未来目标进行战略性规划。
- 为实现目标制订切实可行的行动计划。
- 敢于承担风险,并鼓励他人也这样做。
- 即使没有掌握所有事实,也能高概率做出准确的决策。

有许多领导力测试工具可以帮助你衡量个人管理风格,包括沟通能力、如何让员工负责、激励和培养员工、管理冲突以及培养其他技能。你可以在互联网上找到这样的评估标准,其中许多是免费的。以下五个问题就是一个简单的版本,你现在就可以使用。作为一名获得认证的高管教练,我可以和你一起进行这项活动。来吧,一起试一下。

你会如何思考以下问题?你的答案可能反映

> 综合力提升

了你的倾向性，你会感兴趣的。答案既没有对错之分，也不分高下。这些是我在担任教练时常用的自我反思问题，很简单；当你在职业生涯中不断成长时，你可能需要考虑这些问题。你应该基于这些你不习惯或想改变的客观和冷静的回答，慎重考虑实施行动计划。

问题1：你会愿意为自己工作吗？这个问题实际上包含一系列问题，请如实作答：

- 你每天会为什么样的老板工作？
- 你每天上班是否都动力满满，并能尽心竭力？
- 在其他人心中，你是无私的领导吗？他们会给你打几分？

问题2：如果让一位最令你信服的评论家用三个形容词来形容你作为一名商业专业人士和领导者的形象，他会说什么？同样，你可以将其拆解为一

第一章

塑造教练文化

系列问题：

- 诚实、道德和透明这些词会立刻浮现在他脑海中吗？
- 在你的领导和管理风格中，你可以多做什么、少做什么，才能让你的同事和下属对你更忠诚？
- 你会用什么形容词来形容自己遇到过的最好的老板？
- 以每天与你一起工作和监督你的人为例，你离成为这样的人还有多远？

问题3："我知道[你的名字]，他是/她是……"，人们会怎样补全这句话？要小心，这句话的后半句代表了你对所有企业（无论是现在还是将来）的所有权和个人总价值。和上面的问题一样，这表明了你对周围人的总体贡献以及你对他们和公司的影响。你的声誉是最重要的资产。一次时长仅有60秒的电梯演讲可以立刻反映出你的全部贡献和个性。

不妨花些时间思考这个问题,尽可能客观公正地补全这个句子。这个问题值得你花费些时间,你也可以跟你的老板或你信任的人分享——他们可以修正你的自我描述,从而指导你。毕竟,教练就是要冲破某些传统束缚,建立自我意识,同时充分发挥自己的优势。

问题4:你会怎样评价自己的领导能力?这里有一个练习,你可以给自己打分,并持续跟进,以此评估你正在培养的道德、领导力以及可能被你忽视的领域。按1~10打分,10分为最高分,你对自己在以下领域的表现打多少分?

1. 迄今为止,你的整体职业发展。
2. 你在当前公司的职位和贡献。
3. 你在工作中对直接领导的信任程度。
4. 你对伦理、道德和公平的看法。

第一章 塑造教练文化

5. 当员工在向你透露一些可能危及自身的事情时，他们对你的信赖程度。

6. 你的同事信守诺言、可以信赖，他们出了名的忠诚，是别人坚强的后盾——你和这样的同事的关系如何。

7. 你的领导力、沟通能力和团队建设能力距离"模范"有多远。

8. 以你曾遇到过的最好的老板为参照，对于你现在的下属来说，你在多大程度上也是这种好领导。

请注意，问题1~3的答案可能影响你对问题4~8的回答，因为你对自己的印象往往会影响你领导和管理他人的方式。如果你对自己的职业和在当前企业中的职位完全满意，而且与老板关系良好，那么这往往会对你自己的领导风格产生正面影响，因为你会把这些积极的情绪和平静的心态传递给自己的下属。相反，如果你发现自己在工作中感到束手无策，在事业上踯躅不前，或与直接上司的关系紧张，这些可能会是你成为最佳领导的绊脚石。

同样，这些问题没有标准答案，只是为了观察各种影响因素如何影响我们日常的领导风格。重要的是你要客观地看待这个问题，选择成为最好、最有道德的领导者，尽管你可能为此需要做出很大改变。

问题 5：如果公司里的每个人都听从你的领导，你会满意自己走的每一步吗？现在有一个问题你应该注意。领导者经常陷入自卫模式，说"嘿，至少我没有……"，来为自己的行为辩护。同样，他们也会直接承认"我就是这样的人"，简单的一句话否定了所有别人指出的自己的缺点。最后，一些领导者会先发制人，先抱怨自己的上司："保罗，你想知道乔纳森在这次会议之前对我说了什么吗？你知道他是如何无视我的尊严，怎么回敬我的尊重的吗？我日复一日地忍受这样不公平的对待，而你却

第一章

塑造教练文化

告诉我,我必须在自己的员工面前作出一副模范领导的模样。我的老板做不到,我也做不到。"

从某种程度上来说,这种逻辑完全正确。这就是因果循环。如果一位高管剥夺员工的尊严,公开羞辱他们,或对直接下属采取心理战术,这会扭曲现实,使你(或你的同事)很难在自己的员工面前做模范领导。话虽如此,我还是要重申你可以选择从哪里获取正能量——也许跟你的上司在一起的时候很压抑,但是你一定可以从你的团队、家人、朋友那里感受到美好和舒畅。

不要放弃希望。即使在这样的条件下,也要在内心寻找勇气、谦逊和纪律。最重要的是,从积极的经历中汲取经验,安抚你的下属。记住,他们没有在工作中犯错。你不是你的上司,你有能力给自己的下属带来完全不同的职场体验,尽管在一个不太友善的领导手下工作,你可能时时面临挑战。但以德服人,事情便不会脱离你的掌控,至少你要认

> 综合力提升

为这是正确的。再强调一下,问题在于你是谁,还有你选择成为谁。答案永远与你的经历有关。永远记住你要成为什么样的领导者。

2

第二章

绩效管理：

实进反馈，季度目标，检查和年度汇报

第二章

绩效管理：实进反馈，季度目标，检查和年度汇报

在开始本章之前，让我们先谈谈一些人们常常忽视的问题。没有人不讨厌绩效评估！管理者讨厌发布这项任务；员工讨厌收到这项任务；公司在因故解雇员工后，就业律师对其整理记录员工不让人满意的表现或行为的工作忧虑重重。因此，"废除绩效评估"运动得到蓬勃发展。为什么呢？这是因为人的生产力和潜力很难被准确衡量。社会科学家、学者、咨询公司等提出了用新的工作安排、程序、软件平台和社交媒体工具来取代传统的绩效评估系统——但这些系统收到的评价往往是"过时""琐碎""功能不齐全"等。

相比之下，他们认为，当今最成功的企业正在淘汰陈旧的单向反馈流程，将其转变为动态的协作系统，将最新的社交技术应用于员工反馈和认可。取消一次性的年度绩效评估，管理者和员工从全公司的员工那里获得集体反馈，从而得到比传统方法更准确的结果。员工每天都能互相认可对方的出色

表现，管理者也无须自行判断某个员工在过去一年中为企业做出的贡献。显而易见，社会认可造就员工的满意度、活力，甚至在公司的幸福感，从而实现提高员工敬业度的最终目标。

不过，你知道吗，这些都是正确的——评估方式没有对错之分。而采用新的、突破性的绩效管理系统和被社会广泛认可的解决方案，在重新定义公司理解、管理和激励员工的方式方面往往效果很好。然而，我们要特别注意一件至关重要的事情：软件工具永远不会取代人类之间的互动和沟通行为。认可是人与人之间的互动。没有任何软件（无论你能收到多少好评）可以取代你的直属领导在其他高层面前对你工作的认可。不要误以为可以把认可和评估敬业度全权交给软件或应用程序。毫无疑问，它们可以对我们帮助很大，但所有的认可和联系都源于人际交往。此外，在实际工作中，人们很少在应用程序中给出负面反馈，如果他们真的这样

第二章
绩效管理：实进反馈，季度目标，检查和年度汇报

做了，很可能会演变成公开的羞辱。此时就需要立即把所有人召集到一起，减少由此造成的伤害、感情破坏和尴尬（无论是有意还是无意造成的）。

是的，不难发现，年度绩效评估系统存在多种缺陷，但如果我们对其进行调整，它就能发挥出色的作用。如果做得好，公司的绩效管理计划可以记录年度贡献，并预测个人和职业发展的领域。绩效管理周期使个人的职业目标与企业的业务目标保持一致。绩效接触会议强调员工成长和目标实现，明确指出重要的培训机会，并通过表彰和称赞来提高员工的敬业度和生产力。时常实行的、以目标为导向的个人发展计划（Individual Development Plans，IDP）注重帮助员工达到预先设定的目标、完成KPI，并在此过程中提供建设性的反馈。

企业的绩效管理计划应该：

- 时常提供反馈。

综合力提升

- 激励员工未来取得更大的绩效。

就这么简单。坚持做到这两点,这是确保企业管理方向正确的试金石。这样下来,季度和年度绩效评估不再意味着"一年一度的惊吓"和常常令人失望的反馈,反而能更加准确地衡量员工的进步,更好地了解每个员工对企业的影响,持续讨论应对未来成长和职业发展的方案。换句话说,企业的绩效管理计划会成为员工与企业及其教练式领导之间的黏合剂,而不是管理者和员工避之唯恐不及的年终压力。

是的,这能始终如一地应用于整个企业,如同美国一些最强大、最知名的公司已经受益无穷一样。我们有充分的理由在部门或团队中采用真正的绩效管理思维。你只需把它当作一个优先推行的举措,与团队讨论真正的绩效管理思维应该是什么样的,让团队成员承担事业与职业发展的责任——这

第二章
绩效管理：实进反馈，季度目标，检查和年度汇报

是理所当然的，这样你就可以适当地指导和训练他们了。

因此，在考虑用于员工反馈的工具类型时，最好将新旧方案融会贯通，不要简单地二选一。我们留了足够的空间给新的工具、系统和方法。不过，让我们把重点放在如何提供反馈，多久进行一次以及在什么情况下进行反馈。你可以使用任意电子工具来辅助实施年度绩效评估，但不能完全把绩效评估工作丢给电子工具。与华尔街评估上市公司业绩的方法一样，季度和年度绩效评估仍旧会是员工反馈和认可的主要方式（本就应该如此）。在接下来的章节中，我们将向你展示如何开展此类季度和年度会议。

综合力提升

传统年度绩效评估系统的局限性

当开始讨论绩效管理时，你的脑海中很可能会出现年度绩效评估和绩效审查的概念，这也是理所应当的。每一个绩效管理系统的核心工作就是成堆的文件，处理琐碎工作的行政主管，以及令人恐惧的管理无能的象征——年度绩效评估。也许这些印象都是合理的。绩效管理系统，无论是人工还是电子系统，都无法记录一整年的工作、员工的贡献、项目、时间投入等。

作为一名作家和人力资源主管，我不得不承认从前的年度绩效评估行不通。经过多次调查可以发现，管理者不喜欢进行年度绩效评估，因为年度绩效评估给人的感觉更像是一种不必要的琐事，无法真正提升员工绩效，促进公司发展。员工不喜欢收到年度绩效评估，因为这种反馈一年一次、分量很

第二章

绩效管理：实进反馈，季度目标，检查和年度汇报

重，往往更关注个人的缺点，而非赞赏个人取得的成绩。此外，很少有员工表示在接受年度绩效评估后能受到鼓励，提高工作绩效。

更具体地说，过去那些书面的年度绩效评估存在着很多缺陷，比如：

- 单点故障（即主管领导的直觉、个人倾向或心血来潮）。
- 掌握的信息范围狭窄，经常受到所谓的"近期偏见"的影响。
- 缺乏客观或定量的评估证明。
- 仅衡量员工一小部分表现，而非总体表现。

新技术将使得绩效评估更容易覆盖全公司，而且标准更加一致，可以全年收集来自多个利益相关者的众多反馈、趋势和模式。尽管有这些优势，评估人的表现仍将是一个艰巨的挑战。某些方面的难

度降低了，但仍然具有挑战性。

重要的是，我们应该了解任何绩效管理系统的全局目标：

- 确保一系列活动和产出有效、高效地实现企业的目标。
- 关注企业、部门、员工的绩效，或管理特定工作的现有流程。
- 通过制定与企业战略目标一致的个人和团队目标，推动持续提升绩效。
- 调整绩效考核标准以实现企业目标，审查和评估进度，并教授员工相关知识，培养员工的技能和能力。

现在明白了吧！任何记录员工全年整体绩效的行为都可以称为"年度绩效评估"。

但究竟什么是绩效管理？它的管理记录是以

第二章

绩效管理：实进反馈，季度目标，检查和年度汇报

质量为基础，还是以数量为依据，抑或两者兼而有之？它是否包含个人的行为举止？是否应该记录出勤率和迟到次数，尤其是考虑诸多法律保护员工休假权益而不计入任何形式的评估？绩效管理的最高境界是准确评估员工工作的熟练程度和较之前取得的进步。然而，对任何企业来说，如何定义绩效仍然是一个挑战，不仅要考虑其结构、市场和竞争需要，还要考虑企业使命、愿景和价值观。

在本章中，我们将看到一个企业如何定义绩效和行为，这对每个员工在年度绩效评估时收到的反馈类型有关键影响。在本章中，我们的目标是提高绩效预期，评估目标实现情况，并在年度绩效评估中设定未来目标。更具体地说，我们将按照以下流程设置年度绩效评估考核周期：

阶段1：目标设定和规划（评估年度开始时）

阶段2：持续地实时反馈和指导（贯穿整个评估年度）

阶段 3：评估和奖励（评估年度结束时）

每一个阶段都严丝合缝地过渡到另一个阶段，形成一个无休止的循环，评估和奖励阶段（阶段 3）后便是来年的目标设定和规划阶段（阶段 1）。该系统旨在提供持续改进的反馈，使个人能够重新调整自己努力的方向，为公司争取最大的优势，并增加自己的阅历和充分发掘职业发展潜力。

这样一个系统存在的最大问题是，在普通员工的任期内，阶段 1 和阶段 2 几乎没有完成过。持续的反馈、讨论绩效提升的空间以及职业和专业发展，在一个生产需求似乎永无止境的环境中被忽视了，而管理者得到的是难以提供建设性的反馈。相反，只有阶段 3 的工作可以每年按计划完成一次——在管理者的待办事项清单上打一个钩，给员工加薪或发奖金。这就是必须改变的地方，也是年度绩效评估如此受人鄙视的原因。在许多企业中，整个过程简化为纸上谈兵，成了形式主义：员工常

第二章

绩效管理：实进反馈，季度目标，检查和年度汇报

常对年度绩效评估毫无准备，然后评估报告被归档锁在抽屉里，再也不见天日了。这实在是太糟糕了！让我们按照绩效管理过程的初衷来重新设计这个流程——要特别关注阶段1和阶段2，这样阶段3就不会如此令人意外和失望，我们也有足够的机会来表彰员工取得的业绩。

培养成就心态：目标设定和进度衡量

有几条规则可以让你轻松有效地为每个团队成员制定合适的目标。首先，创建三个目标：第一个与企业有关，第二个与你的部门有关，第三个与员工努力有关。这既有利于员工的职业发展，同时也有利于企业的发展。如果你的公司没有制定目标，那么你只需制定两个目标即可。如果你的企业或部门都没有制定目标，那么就和你的团队成员一起努力，为每个人制定两到三个个人/专业/职业目标。

有意义的目标使你的团队着眼于大局，团结一致，并将很好地丰富每个团队成员的简历和领英资料。这就对了——让他们思考自己的专业和职业发展，这样他们就可以规划自己的成就，用于日后的自我评估（我们稍后就会介绍），并为自己谋取利益了。

第二章
绩效管理：实进反馈，季度目标，检查和年度汇报

接下来，确保你的团队创建的 SMART 目标具有以下特征——具体性（Specific）、可衡量性（Measurable）、可实现性（Attainable）、现实性（Realistic）和时限性（Time-Bound）。让我们再加上一个"M"——价值性（Meaningful）。目标应当能激起员工的动力：完成学位，获得证书，学习更多技术技能，在工作中取得可以记入档案的成就，并推动他们的职业发展——这就是你如何帮助员工建立对他们的职业生涯有意义的、令人振奋的目标。这也是为什么每个员工都应该参与制定他/她自己的个人目标：到了年度目标设定的时候，公司/部门的共同目标和个人目标就能得到有机统一。

能够实现的目标必然是针对个人制定的，对员工个人有重大的意义。这就是为什么应该要求员工制定自己的目标，而不是简单地分配给他们目标。目标应该：

综合力提升

- 具有挑战性：考虑"遥不可及"或"延伸目标"。
- 具有可衡量性：通过可量化的或定性的分析描述成功的决定性因素。
- 具有时限性：要确定一个具体的完成期限。

但是，最重要的是必须有一个定期衡量和评估的计划。目标不是一成不变的；目标需要随着时间的推移进行评估和打磨。使用这种员工参与、定期审查的框架规划，取得成绩的可能性会大大提高。

此外，将去年的目标与今年的绩效评估联系起来，这是企业成长和进步的自然结果。IDP源于你和下属之间一对一的目标设定练习，这不仅将推动他们的职业发展，也有利于企业发展。你可能每年会对每位员工的IDP进行四次评估：每个季度一次，直到最终年度绩效评估为止。例如，如果按照日历来看，并在每年的1月份根据上一年的业绩支付加

第二章
绩效管理：实进反馈，季度目标，检查和年度汇报

薪和奖金，IDP 评估的安排间隔可能如下：

年度评估和 IDP/ 目标设定：12 月。

第一季度 IDP 评估：3 月。

第二季度 IDP 评估：6 月。

第三季度 IDP 评估：9 月。

年度评估和 IDP/ 目标设定：12 月。

这种自然的节奏使你能够在每季度的一对一会议上讨论实现目标的进展、任何不可预见的障碍、必要的转折点以及偶尔的目标修正，以更好地反映公司、部门或个人的计划变化。在第三季度的 IDP 评估之后就该进行自我评估了，然后进行年度绩效评估。这就像股票市场要求上市公司在其年度汇报之前报告季度业绩，员工的业绩也需要定期检查和更新。这是一种对员工个人的关怀，员工应该知道他们的领导和公司以这种方式对他们进行投资，这对员工而言很重要。

接下来，在制定目标之前先与员工一起回顾过

去几年的评估结果。这样一来,你可能会发现,该员工每年都有相同的目标,但却从未真正实现。在这种情况下,是时候重新评估那些陈旧的、令人麻木的目标,将它们替换为更现实的目标;或者换掉个人无法实现的历史目标,换一个完全不同的发展方向。更重要的是,如果员工选择了 SMART 目标和有意义的目标却没能实现,那么显然有一些问题需要解决,这时可能就要用到渐进性纪律管理方法了。但是,如果员工完成得好,在制定今年的目标时已实现了去年的目标,这将表明目标之间存在明确的联系,这些目标在个人和职业发展方面内容重叠,年复一年不断进步。

最后,尽可能帮助团队成员量化结果,从而在他们心中建立一种积极取得成绩的心态。正如简历中常用工资和百分比来显示个人取得的进步一样,IDP 和年度自我评估也应该如此。量化团队工作的影响力并不总是那么容易——你可能需要财务、销

第二章

绩效管理：实进反馈，季度目标，检查和年度汇报

售或法务部门的帮助。但是，越是对结果进行量化，这项练习就越有意义。

寻求激励团队和个人目标的想法？与你的团队分享以下问题，看看你们的团队成员是否能就工作重点以及应该追求的目标达成共识。

公司目标（由公司制定）

我们可能会错过哪些会在短期或长期内为我们带来明显优势的机会？

谁是我们在市场上最大的竞争对手？他们有什么有效的举措值得我们借鉴？

哪些运营模式和发展趋势会威胁我们公司的业务？我们如何才能超越他们？

我们在 Glassdoor.com[①] 和其他文化和职业网站上的声誉如何，这些网站是否将我们的公司评定为

---

① Glassdoor 是世界上最大的招聘网站之一，帮助人们找到工作，帮助公司招聘人才。——编者注

> 综合力提升

"最佳职场"?

部门目标

在客户中建立更好的声誉或获得更高的客户满意度方面,我们部门面临的三个最大障碍是什么?

我们在部门所有关键领域相互交叉培训和建立人才供应方面的效率如何?如何避免有人生病时造成的"单点故障"?

我们的离职率合理吗?更重要的是,我们在内部晋升和填补职位方面做得如何?

个人目标

个人目标将职业和专业发展与公司的需求联系起来,二者和谐统一。例如:

- 获得执照、证书或掌握技术技能。
- 抓住机会在个人并不是特别热衷的领域有所

第二章
绩效管理：实进反馈，季度目标，检查和年度汇报

建树，例如，公开演讲或商业写作。

- 抓住机会加入当地商业协会或网络，扩展人脉。
- 通过半天或一周或两周的轮岗，接触企业的其他部门等。

这种可能性是无穷的。重要的是，你的员工要坚持为自己的目标和IDP努力，而且你每季度都要为他们创造空间，讨论和完善这些目标和IDP。这就是职业和专业发展的意义所在。

自我提示

抱怨"从来没有人给我任何反馈"或"从来都听不到表扬，但犯了一个错误领导就会横加指责"的员工数量之多远超想象。要注意，不要只让员工关注负面评论或"错误导向"。这种情况比你想象的更频繁，但是很容易解决，你只需让员工承担起

反馈的责任。由员工安排季度 IDP 评估，负责准备所有的内容和建议。在这一点上，你的工作是充当导师和教练。这是一个简单的范式转变，员工不会再抱怨"没有反馈"或"很少沟通"，因为你已经把安排会议的责任分配给了员工本人。让员工负起责任，让团队成员养成积极主动的工作习惯——他们可能会感谢你，因为你的行为成了他们的榜样。

第二章

绩效管理：实进反馈，季度目标，检查和年度汇报

前进道路：实时反馈

可以说，年度绩效评估领域的最大缺点是数据陈旧。员工指责管理者根据直觉胡乱打分，但却没有什么证据来证明自己的观点。

有两种方法可以解决这一长期存在的问题：

1. 关键事件日志可以帮助你确定具体事件发生的日期和时间，为季度 IDP 评估和年度绩效评估提供依据。

2. 实时反馈让你可以在事件发生时（而不是几个周或几个月后）表示赞赏和表达关注。

有一个应用程序可以完成这项工作。事实上，有很多应用程序都可以。社交媒体和新技术可以帮企业在整个评估年度持续分享反馈。因此，反馈应用程序也提高了员工的敬业度，因为人们喜欢尽可能多地获得实时反馈——只要是正面反馈。这既是

此类媒体的优势，也是其弱点：它们很适合给人肯定，但在传递负面反馈方面的设计并不是特别好。事实上，如果需要分享负面信息，应该当面传达，而不是通过电子途径（包括通过电子邮件进行的唇枪舌剑）。所以，如果你的公司喜欢科技产品，并希望提高员工敬业度，那么不妨投资一款用于同侪认可、游戏化、奖励等的应用程序。但请永远记住，计算机无法取代人际交往，尤其是在处理可能伤害感情或引发冲突的事情时。

关键事件日志只是你为每个直接下属保留的归档处：

- 来自满意的客户的留言。
- 记录员工在整个年度或季度中所做的所有出色工作，以供未来参考。
- 是的，负面信息也要保留，包括客户投诉和书面警告。

第二章
绩效管理：实进反馈，季度目标，检查和年度汇报

但关键事件日志有一个很大的缺点：如果在信息产生时没有与员工沟通，那么保留这些文件实际上没有用处。只有在当时与员工讨论这些信息才有意义，无论是积极的、消极的、有启发性的还是有建设性的信息等。不能把这些数据保存几个月，然后某一天突然摆到员工面前，作为你对他们惩处的依据。"留痕管理"的规则有严重的局限性：文件只有即时与员工共享才有意义。然后可以将其添加到季度 IDP 会议或年度绩效评估中，作为当时讨论内容的提示或历史记录。

关于实时反馈，可以依靠应用程序——尤其是收到负面反馈的情况下。但在现实中，管理者可能很难立即与员工分享负面反馈。遵循我们在阶段 2 学到的规则，让分享不愉快的消息变得更容易：重要的不是你说什么，而是怎么说。传达好消息很容易，让人愉悦，可以鼓舞人心，让人乐在其中；而提供实时的负面反馈，可能会让人望而却步，令人

生畏，大伤脑筋。这并不完全是"当心梦想成真"，但要知道，与员工分享实时反馈无论是正面的还是负面的，都是你在整个职业生涯中需要磨炼的技能。

一些管理者很少在重大事件发生时给予正面反馈，这简直大错特错。在认可和赞赏中，员工才能茁壮成长。发生负面事件时，许多管理者很少提供建设性的反馈——这也是一个大错误。提供实时反馈有时并不容易，而且世界上没有任何应用程序能够代替人们分享负面信息带来的不适感。你需要知道在涉及职业和专业发展时，如果不提高自己的下属对某些成绩或缺点的认识，就会对他们造成伤害。最好的做法是公开表扬，私下批评。但你要始终对你的团队成员保持足够的尊重，分享、赞赏他们正在做的工作，同时让他们承担责任，并利用机会教导他们。

第二章

绩效管理：实进反馈，季度目标，检查和年度汇报

注意

冲突是不可避免的；关系性争斗是可以避免的。有三种形式的争斗被认为是关系杀手：

- 绝对型争斗："我是对的，你是错的。"自尊心过强。
- 责备型争斗："这都是你的错。"推卸责任。
- 人身攻击型争斗："你不负责任。"

不要让实时反馈演变成一场没有责任感的指责游戏。是的，面对负面或者略有敌意的反馈时，人们很可能会心生防备，冲突可能会升级。但是，人与人之间的交谈会使谈话变得安全。冲突需要对话，负面或建设性反馈不应通过应用程序、电子邮件或任何其他形式的电子媒体传达——这样缺乏语境和社会线索。事实上，许多老板从未成为真正的

综合力提升

领导者，因为他们未能掌握建设性地应对挑战的沟通模式。在进行具有负面内容的反馈时，领导者应当始终正式邀谈，态度诚恳，理顺思路，表述清晰，并尽最大的努力以个人的方式达成相互理解或共识。

第二章

绩效管理：实进反馈，季度目标，检查和年度汇报

季度报告和检查：教练的机会窗

我认为，季度接触会议不经常举行，原因之一是一线领导不知道该谈些什么。下面是一个简短的教练问题清单，随着时间推移，可以在清单中加入更多问题。这些问题旨在鼓励对话、吸引员工，并逐渐建立起信任和融洽的关系：

- 你今天想要讨论什么？有没有准备好所有你希望让我先评估的目标（你的简历、生产力电子表格、各类图表）？
- 自我们上次会面后，你有什么变化？
- 你觉得自己的表现如何？你觉得自己每天的工作状态都达到了最佳状态吗？我们还能做些什么来为你提供更多支持？
- 让我们一起来看看你的 IDP。你是如何朝着

目标一步步迈进的?

- 你是否遇到过意想不到的障碍？在你的目标、优先级或你所关注的内容方面，是否有核心点？
- 你是否实现了自己的季度或年度目标？
- 在增加收入、减少开支或节省时间方面，我们可以量化什么？
- 在提供适当的安排、方向和反馈方面，我该如何在整个季度为你提供帮助？
- 从教练或指导的角度来看，我可以做些什么来进一步支持你的专业和职业发展？
- 你是否愿意告诉我，我还能够为我们的团队提供哪些更高层次的支持？
- 在我们的团队中，谁最支持你？
- 按满分 10 分打分，你认为我们部门整体的表现能打多少分？尤其是在实现目标方面。（为什么是 8 分？我们怎样做才能得满分？）

第二章

绩效管理：实进反馈，季度目标，检查和年度汇报

- 你觉得团队是你的后盾吗？
- 在沟通方式和频率方面，你对高级管理层有什么建议吗？你是否完全了解自己的公司，是否有脱节感？
- 你的职业或专业目标是否有变化？为了使这项训练更具实用性，你想从目标列表中增减什么内容吗？
- 你觉得自己的职业和专业发展需求得到了满足吗？在帮助你完善简历或领英资料方面，我还有什么可以做的吗？
- 你如何通过被量化的现有成果来证明你在不断向着自己的目标前进？
- 你能对我们这个部门或团队的业绩或文化带来什么帮助？
- 如果让你为三个月后的下一次 IDP 会议选择一个主题点，你会选择什么？

> 综合力提升

有些问题将取决于你所在的行业、企业和你团队中直接下属的类型。例如,有些员工可能想学习一门外语,发表文章,或获得机会去海外参观母公司;有些可能想在不同的学科进行交叉培训以提高时薪;有些可能想参与企业的高潜力项目;而另一些员工则可能在时间管理或平衡工作与生活方面需要帮助。关键在于,如果你不问,你就不会知道。

这种一对一的谈话不会在正常工作时间和业务运营期间出现。你必须留出时间来倾听、教练、指导。你团队中的每个员工每季度所需的谈话时间可能不超过半小时,有些甚至可能只需要一半的时间(十五分钟即可)。你对此有何期待?

- 第一,20% 的团队成员将踊跃参与这些季度检查:分享简历,一起查看领英档案更新补充的内容,讨论生产力电子表格和业绩日

第二章

绩效管理：实进反馈，季度目标，检查和年度汇报

历，等等。给"明星员工"安排一些有挑战性的任务：创造一个环境，让他们可以自我激励，任他们自由翱翔。他们自会成为这种一对一的专属关注中的最大受益者。

- 第二，相比之下，你的团队中有 70% 的员工会在没有过多考虑或准备时间的情况下接受训练。这就是你要动员和鼓舞的群体。"提升普通员工业务能力"刻不容缓。询问他们未来一到三年的计划以及他们希望如何实现目标；询问他们计划如何在同行中脱颖而出；询问他们掌握的技术技能、受教育情况以及简历和领英资料更新补充情况。是的，比起 20% 的优秀员工，你必须更多地去鼓励、引导中间群体。哪怕只是让其中的一小部分人进入前 20% 的"明星员工"行列，也一定会让你成为一名杰出的人才领导者和人才培养者。在此阶段，每次只

关注一名员工：普通员工的改变如同涓涓细流，无法一蹴而就。但是，这个训练非常值得推行。

- 第三，我们可以预想无论何时总会有大约10%的员工不重视这种季度性的目标设定和实现训练。他们很可能不想提前交上一份自我评估来参与自己的年度评估。这些人都闲散惯了，他们只是想做自己的工作，不受打扰。应该因为他们不参加而处罚他们吗？难道你不应该邀请他们参加季度检查会议，不应该让他们制订自己的IDP，或者避免在年度绩效评估之前与他们面谈其自我评估？答案是否定的。你仍需与这些人见面，因为他们是你的团队成员，这个道理简单明了，而且你总归想给他们一个提升的机会。你只需明白，不是每个人时时刻刻都在想着建功立业，有人可能只想"划水"。你能做什么？

第二章
绩效管理：实进反馈，季度目标，检查和年度汇报

在每季度与他们面谈会面后，在年度评估报告中记录下他们很少参与季度评估，可能没有实现其目标，或拒绝参与年度自我评估。这个记录需要真实具体，他们需要对此记录负责，尽管这是他们不愿意参与或从事工作的"罪证"。然后请去本系列丛书的第四册中寻找对策。

请注意：以上对"20%-70%-10%"钟形曲线的讨论并非字面意思，你的团队中也不会出现这个分布趋势。这种趋势只会出现在更大的数据集合中（每次需要一万多个支撑数据/人），而且通常需要很长的时间才能显现。因此，除非你有一个特别大的团队，否则不需要上述钟形曲线。不过，作为一个经验法则，"20%—70%—10%"钟形曲线可以帮你分清不同类型的员工。这样，你就不会一不小心就给每个人都贴上"明星员工"的标签（也就是钟

形曲线的前 20%），这种标签可能会在年度评估过程中造成员工分数膨胀，因为团队中的每个人都会得到最高分。

绩效管理：实进反馈，季度目标，检查和年度汇报

自我评估的关键：为年度评估做准备

在三个季度的 IDP 会议之后，按时间顺序，下一步的工作自然就是年度评估了。但在绩效管理/领导力发展的程序中，还有一个重要的步骤不容忽视：员工在年度绩效评估会议之前进行的自我评估。简单地说，自我评估给了员工一个给自己打分的机会，管理者也可以将员工的自我评分与自己对员工表现的看法进行比较。无论实行的绩效管理计划是什么类型，这都让员工有机会权衡、参与自己的年度绩效评估评分，这恰恰也是你希望看到的。

如果你全年都在管理、衡量员工绩效，特别是举行了季度教练检查会——那么，你显然想要提高员工绩效，在此过程中突出和认可他们的成就，帮助他们发现自己的潜力，建立自信。年度自我评估为他们提供机会展示自己取得的成就和进步，并为

即将到来的下一轮评估年度的目标确立做准备。对于你们建立的伙伴关系而言，这是合理的后续环节，较好地平衡了公司在市场中脱颖而出的需要和个人在专业和个人方面的成长需求之间的关系。

绩效评估是一个双向沟通的过程：员工和管理者都应该对历史绩效和未来目标提出意见。为了实现这一目的，一些公司向员工分发绩效评估表，并要求他们在面谈前完成表格。还有公司鼓励员工提供反馈，但不一定规定反馈机制。下面描述的模型是一种合理的折中方案：它将员工的反馈分为三个主要主题，回答的内容多少由员工自行决定。

一般来说，我不建议让员工在考核模板上直接起草自己的绩效评估。每个绩效领域的评分和评估结束时的总分应该由管理者创建，而不是由员工创建。但是，如果在进行绩效评估之前不征求员工的意见，可能会引起员工失望和沮丧的情绪，因为他们最终可能会觉得对自己的职业发展没有什么控制权,缺少参与感。此外,由于管理者往往会忽略一些员工工作中的重要细节,因此一般情况下我们应该鼓励自我评估。这也为管理者节省了大量时间,因为员工要负责收集和提交数据,而这些数据将构成评估内容的重要部分。

因此,请你的员工尽可能详细地回答以下三组问题:

员工自我评估模板

1. 谈谈你在这个评估期内的总体绩效记录:

重点突出你在增加公司收入、减少开支或节省时间方面所取得的成绩。

你在过去一年里做了哪些工作促进了公司的发展?

根据部门不断变化的需求,你是如何调整自己的工作的?

在工作质量、可靠性、产量、团队合作和技

技能方面，你会给自己打几分？（满分为10分）

2. 你在哪些方面需要额外的支持、安排和指导？具体来说，作为你的领导，我可以在哪些方面为你提供额外的支持，帮助你获得新技能、提高整体业绩，或为你的下一步职业发展做准备？

3. 你明年的业绩目标是什么？有什么可衡量的标准让我们了解你已经完成了这些目标？

这三组问题旨在邀请团队成员参与自己的职业发展评估与规划，在这个过程中，你就是他们的教练。这可以鼓励他们在简历上添加"主要成绩"，帮助他们为明年的自我评估工作未雨绸缪。

并非所有员工都会参与，有些员工可能只提供粗略的信息。没关系，这项活动的真正目标是团队中前20%的优秀员工，他们正在寻找与你（他们的主管）一起建立自己的事业、掌握新技能的方法。如果这些"明星员工"向你展示他们的职业目标、学习的具体技能、主要成就等电子表格时，不要惊

第二章

绩效管理：实进反馈，季度目标，检查和年度汇报

讶。另外，这也为中间 70% 的员工提供了一个崭露头角的机会，有望鼓励一些人走出舒适圈，进入前 20% 的行列。

记住，作为领导者，你不负责激励任何人：动力是内在的，你无法逼他们做事，正如他们无法逼你做事一样。但作为领导者，你有责任创造一个员工可以自我激励的环境。这种自我评估训练正是为了实现这一目标：它让你部门或团队所有的员工尤其是优秀员工有机会参与自己的专业和职业发展，也能明确你可以为他们提供支持的关键领域——简而言之，它可以为每个人的成功打好基础。

特别注意：培训和自我评估

培训机会应支持个人发展计划，这些计划是基于绩效评估的。培训内容可以包括领导力、团队建设、个人表现或特定的技术技能。在上面的自我评估模板中加入任意第四个元素，邀请员工参加、

珍惜培训机会。这可以激励他们提高团队的整体生产力。

当然，培训不能解决因公司结构、领导方向、预算资源等方面的偏差造成的问题。但每个员工都应该有一个个人发展计划，其中包括进行培训以帮助他们实现目标。毕竟，在学习曲线中往往可以找到将员工与公司联系在一起的黏合剂。学习型环境可以打造一个更有能力、更有水平、更有信心的团队。

第二章

绩效管理：实进反馈，季度目标，检查和年度汇报

起草绩效评估报告前评定标准和总体得分的一致性问题

任何领导在给员工写评语之前，必须与他们的上级讨论如何对所有员工进行排序。有一个工具可以帮你，它可以帮助你解决一些可能非常主观的问题。

我们来看一个例子。公司的财务总监认为，她的团队表现达到了预期，业绩良好，她打算给她的大多数员工打3分，证明他们达到了预期，表现良好。她承认，他们是一个年轻的团队，仍然有很多东西需要学习，但大家的心思都在工作上，对公司有奉献精神，愿意在工作上投入很长时间。然后她犹豫了一下，心想："话说回来，销售和运营部门的领导比我们打分更高，获得5分的员工可能更多，尽管他们的团队不如我们的好。所以，也许我也需要给财务部的每个人打5分；否则，相比其他部门，

我们团队的绩效增长看上去会比较低。"

如果有人想给自己团队的每个人都打5分（意味着他们业绩杰出，表现出色，能够克服一切困难），这可行吗？如果财务总监不愿意为自己团队中的大多数人打出自认为正确的分数——3分（"符合预期"），因为其他部门的总监会夸大自己团队的分数，这会让你感到困扰吗？若想正确区分每个分数，让评分真正反映团队业绩水平，如何统一所有人的打分标准？

答案很简单，就是沟通——讨论对评分标准的看法以及符合相应标准的员工。下面有评分者定义一致性衡量工具，可为所有部门负责人提供参考。该工具的目的是帮助打开沟通的渠道，让所有的领导"统一口风"，了解个人贡献和过去一年的绩效水平，共同确定业绩的评定标准。这些定义是为了更清晰地明确符合杰出人才的条件。所有领导者带领的团队中的员工可以作为一个团体进行讨论，并

第二章
绩效管理：实进反馈，季度目标，检查和年度汇报

以高级领导团队的名义集体评定成绩。该工具可以细分为以下内容：

评定标准一致性衡量工具

5分——表现杰出（≤5%）

获得5分的员工拥有榜样地位。该员工有可能成为直属主管的继任者或现在有很大的可能性晋升；在评估期间，该员工在特殊情况下表现出超常的能力；个人业绩表现在同事中被公认名列前茅（前5%）。

4分——表现卓越（30%）

总体而言，该员工表现出色，容易相处；敬业、有悟性、有志向、善于合作。但可能还没有准备好晋升，在目前的岗位上还有很多东西需要学习；可能缺少特殊的环境或机会，因此无法获得更高的评分。但该员工绝对是一个优秀的贡献者，在许多方面超出期望，在这个岗位上留任已久，只是需要更多的时间来成长和发展，以获得更多的机会。

3分——表现完全符合预期（50%）

3分（A）：该员工一贯表现良好、可靠、有礼貌、有奉献精神；总是努力工作，尝试学习新技能，但不一定有出色的表现；为了生活而工作，而不是为工作而生活；该员工在公司员工中可能并不突出，但一直为部门的工作做出贡献，是团队中的重要成员。

3分（B）：该员工总体上符合预期，但在某些方面的绩效领域可能存在问题。由于该员工在该职位上的任期长，能完成工作任务，可能表现良好，但似乎没有学习新事物或跳出舒适区的意向；虽然该员工的表现可以接受，但行为有时可能存在问题；有抵制变革或阻碍团队发展的倾向。

2分——表现部分符合预期（10%）

该员工未能达到某些责任领域的最低绩效或行为预期，无法证明个人在坚持改进；可能会出现倦怠或缺乏动力的情况，不能为他人付出额外的努力；缺乏必要的技术技能或与岗位的特定方面有关的知识；可能在工作上表现良好，但行为上问题严重，甚至会导致整个年度的绩效贡献被取消。除了年度绩效评估，该员工可能还需要绩效改进计划（Performance Improvement Plan，PIP）；有机会获得部分绩效增长或奖金。

1分——表现不符合预期（≤ 5%）

该员工未能达到该岗位的一般最低业绩或行为预期，随时面临被辞退的危险，绩效评估可能伴随着PIP或渐进式纪律文件，说明该员工如果不能立即进行持续性改进，会被解雇；不应获得加薪或奖金。

如果公司的评分结果属于典型的钟形曲线配置，每个评分后的百分比通常就是你的员工构成比例。另外，请注意获得3分的员工（表现符合预期/完全成功）又分为两个小类：一类是很努力但不一定表现突出的人，另一类是表现令人满意但不一定尽力的人。在就个人贡献水平进行谈话和讨论时，区分3分（A）和3分（B）尤其有帮助。

这些反映公司状况的准确性的一般性参数以及在特定时间出现的具体数字每年都有所变化。关键在于，在起草或发布绩效评估之前，高级团队共同讨论，然后与你们的老板一对一地进行探讨。首先从公认的表现最好的员工开始，看看你们是否能就获得5分的员工达成一致。然后继续顺次讨论其他分数。重点是持续进行谈话。从高层领导到一线主管，都需要进行这样的谈话，以提高对企业期望的认识，并为领导者提供基准和指南，以调整其评估分数。最重要的是，这样做能消除或大大减少评分膨胀的趋势，即管理者为了避免发生冲突，对员工的评分高于其应有水平。

获得4分的员工和获得5分的员工有什么区别？仅仅表现为，一个现在就能够晋升为管理者，另一个要等两年后吗？这种差异是否与当年的特殊情况有关，使获得5分的员工得以承担远远超出其职责

第二章

绩效管理：实进反馈，季度目标，检查和年度汇报

范围的责任？同样，获得3分的员工和获得2分的员工有什么区别？团队中有人因长期担任某职务而业务过硬，但似乎对其工作范围以外的事情没有什么野心或兴趣，这是否可以被领导接受？偶尔的不当行为又如何定义？在整个评估年度内，有多少次"偶尔"的不当行为才会评定为绩效不合格？我们是否应该给那些总分达到2分的人增加部分绩效奖金，或者应该把这些奖金拿出来奖励那些表现好的员工？

正如你所猜想的那样，这些问题的答案不一定有正误之分，大部分都存在争议。但这种争辩是有益的，在着手起草年度绩效评估之前，至少进行一次这样的讨论才不失为明智之举。否则，你会发现整个管理团队都在各自为政，在没有任何指导方针或组织的情况下，"自行解读"企业希望看什么样的整体绩效评估分数。在一个以绩效为导向的公司中，想要打造成功的团队，就要这样逐渐提高绩效。

综合力提升

年度绩效评估会议：客观反馈和重新参与

无论员工的自我评估做了多少准备，也无论全年的季度培训和 IDP 评估进行得如何，面对面的年度绩效评估往往是员工在一年中最紧张的工作谈话。同理，对进行这些谈话的领导者而言也是如此，因为这种做法具有潜在的对抗性。本质上，这是一种普遍存在的、潜在的感觉，当人们即将要做出一种判断——这个判断客观性和主观性兼而有之，要基于细致的观察，却还（不幸）有些吹毛求疵，略显武断，让人心生不安。毕竟，没有人愿意被评判，尤其是在面对大量反馈的情况下。许多人担心："会不会我忽视了什么东西，现在打我个措手不及？老板如何看待我的贡献，我不会一整年都会错意了吧？我的总分是否能让我得到最多的加薪？以我的业绩能拿到奖金吗？"

第二章

绩效管理：实进反馈，季度目标，检查和年度汇报

还有，不要忘记领导者的顾虑："对于我手中的反馈她是否有心理准备？我在某方面的态度她真的没心领神会吗？我们每天都在一起工作：在这种坦率的反馈之后，我们的关系还能如初吗？不会引起冷战吧？要是反馈结果令人失望以至于她决定另寻工作，那么该怎么办？"

不要害怕：有一些方法可以让整个过程不那么紧张。自我评估非常有帮助，因为你知道员工来自哪里——看到真实的员工，了解他们的个人抱负，这是一个好的开始。季度 IDP 教练会议（如果该员工坚持参加的话）让你可以全年与他们保持接触，所以不会发生太多意外。最后，即使有新增负面反馈需要告知员工，也可以选择以体现人文关怀的方式进行，这将有助于员工自己承担责任、改善某一方面的工作。

选择一是在谈话当场下发文件，高声朗读——你的语气会增加一种人情味，淡化白纸黑字的刺耳

感;选择二是在谈话前一小时下发文件,这样员工就有时间私下阅读,提前平复情绪——这让她有机会思考其中内容,为谈话做准备,而不是在谈话时第一次听到这些东西。这两种方法都能奏效,具体取决于你的沟通风格以及你与员工的关系。

接下来,你可以在谈话开始时先送上赞美之词,认可她的贡献,让她安心。然后在谈话的剩余时间继续采用"绩效反馈的三明治法则":先是表扬,然后是建设性反馈和批评,最后是鼓励。在批评阶段讨论不足之处总是很困难的,但公正地说,大多数人都表现不错甚至表现出色,所以评估不应该过分强调不足之处,除非有员工明显没有达到最低的绩效预期。相反,评估的重点应放在员工个人成绩和自身优势上。

谈话开始,先邀请员工"评判"自己的表现,这是一个不错的开场。无论她是在谈话前一小时收到评估报告,还是第一次看到报告,她都要对自己

第二章
绩效管理：实进反馈，季度目标，检查和年度汇报

全年的表现和贡献进行客观的整体评估。也许会出乎你的意料，大多数员工对自己的评价往往比你的评定更加苛刻。可以这么说，你需要扮演教练和导师的角色来提升他们，而不是从一开始就对他们做出评判并"贬低他们"。

接下来，讨论你对员工初步反馈的看法。与你的员工一起通读评估报告，简要说明你在每个部分是如何评价她的。通读过后，给员工一些时间分享她的初步反馈。回答有关评论中包含的需要进一步讨论的所有问题细节及类别，包括目标部分。若员工对总评分有疑问，你可以现场回答她提出的问题。

当然，在此过程中可能会存在分歧。有时——尽管很少——员工认为自己表现出众，业绩很好，而实际上他们在最低绩效要求附近徘徊，甚至未能通过年度评估。但这些主题值得更深入地考虑（我在"保罗·法尔科内职场领导力系列丛书"的第四册中对此进行了更多介绍）。现在，来简单了解一

下这个流程：设定目标有助于让人们保持一致、专注和准确。季度培训会议讨论员工 IDP 的进展，重点讨论他们的专业和职业发展，同时你有机会帮助他们纠正或调整方向，具体取决于当时的情况。然后，自我评估在评估自己和为正式的年度评估提供材料方面给予了员工一定程度的控制权和参与度。随后，你制定一套新的延伸目标以帮助他们凭借自己的能力成为更强大的职场人，并为职业发展的下一步行动做好准备（如果他们愿意的话）。

尽量保持绩效管理的简单性。始终提醒你的团队成员，你支持他们的个人、专业和职业发展，就算多强调几次也不为过。让他们参与评审的所有阶段，以示尊重；让他们一起参与建设性的反馈，如果你措辞得当，更加有助于他们提高自我意识，（在理想情况下）愿意做出改变。这是一个合理的流程，员工完成了其中的大部分工作：作为管理者，你只需为这一切创造空间。留出充足的时间，当

第二章
绩效管理：实进反馈，季度目标，检查和年度汇报

然，更重要的是为员工提供成长和探索、延伸和试错的空间。这就是职业教练的意义所在，最重要的是，这应该成为你的领导品牌和在你自己的职业生涯中前进的座右铭。

提示：伟大的领导力源于高度的同理心和责任感

从员工职业发展的角度来看，要把同理心和责任感作为全年关键谈话的要点。即使你公司的绩效评估模板中没有特别指出这两点，也请在绩效评估的"叙述性评论"部分考虑将它们作为关键绩效因素。

一般来说，表现出高度同理心和责任感的领导者会获得下属和同事更高的忠诚度——他们会获得理解和支持（同理心），同时每天都要面对挑战，做到最好（责任感）。

同样，能够将这两个核心特质结合起来的领导者，通常能够确保团队成员之间关系和谐，提高个

人和团体的信心和生产力。

具有高度同理心和高度责任感的领导者通常会培养一种以人际关系为中心、相互支持的文化。这种领导特质通常会带来高生产力，降低离职率，坚定对共同愿景的信心。无论你是领导层管理人员还是员工，都要与团队成员经常聊聊这种高度同理心加高度责任感的黄金组合的重要性、其在日常工作中的运行模式以及如何促进其发展。

第二章

绩效管理：实进反馈，季度目标，检查和年度汇报

绩效评估记录技巧：提升书面表达能力

花时间提升绩效评估记录能力是明智之举。你的记录方式是绩效评估中的关键因素，一些小技巧可以大大提升你的记录能力，同时也可以保护公司免受不必要的法律审查。以下是一些易于应用的技巧，可以提升你的记录水平。

第一，一定要避免写任何带歧视性色彩的内容。不得记录或引用任何受相关隐私法律条文或相关员工保护法保护的内容。例如，在迈克尔的绩效报告中写"自从你开始服用抗抑郁的新药后，你的绩效很好，我建议你继续服药"，如果这个人日后无法晋升或因故离职，你的言论很可能违反《美国残疾人法案》(*Americans with Disabilities Act*)。同样，如果在报告中提及员工的年龄、种族、性取向或性别、宗教信仰、病史或任何其他受《民权法案》

(*Civil Rights Act*)或其他州相关的工人保护法保护的类别，那么你写的文件就可能在公司面临官司时成为不利证据。

此外，如果在评估期间，一名员工大部分时间内都在休假，只需记录"迈克尔在5月10日至8月8日期间获批休假"就可以了。不必写休假的原因（怀孕、工伤、压力大），这些内容不应写入正式的绩效评估记录。因此，在员工拿到报告之前，所有的绩效评估报告应该由公司的人力资源或法务部门事先审查，以确保不存在歧视性语句。

第二，在与下属的正式业务交流中，避免使用"态度"一词。"态度"是一个非常主观的判断，通常会被法院驳回，因为这往往只关乎单纯的意见分歧或个性冲突。相反，一定要描述让他人对该员工产生负面看法的客观行为。只有可以观察到的、可以记录下的行为和行动才在职场的讨论范围内，并可能在法庭上作为证据提出。

第二章

绩效管理：实进反馈，季度目标，检查和年度汇报

例如，不要使用这样的措辞：

在过去一年中，有许多人对你的态度提出投诉。你需要对此立即做出改进。

而应该使用下列语言，例如：

佩姬（Peggy）于1月14日收到书面警告，原因是她情绪失控，提高嗓门，对一名同事使用了亵渎性语言。

该纪律警告明确指出，如果她再次情绪失控，在工作场所使用亵渎性语言，或表现出可能被视为敌对或威胁的行为举止，她可能会受到进一步的纪律惩处，包括被解雇。

第三，在个人绩效评估中至少举出两个例子。管理者经常对人们的看法做出笼统的评论，而没有记录能佐证他们观点的具体事实，例如：

你的客户服务技能令人满意，但你在这方面仍需要进一步提高。

这还不够具体。要写一些更具体的、对员工有

指导意义的内容，像这种：

今年的 6 月 14 日，我们讨论了供应商 A 的情况，你漏掉了一张 4 月 1 日的发票，直到 5 月 30 日你才发现。在发现这个问题时，你没有联系客户确认，而是等了两个星期，在我休假回来后才将此事上报。正如我当时告诉你的那样，我希望你能立即联系客户为你的工作失误向客户道歉，并直接联系我们的应付账款部门纠正错误，向供应商补全货款。

第四，在你的叙述中谨慎地使用"需要改进"这一术语，因为它可能无法传达你想要表达的信息。指出员工的业绩或行为"需要改进"，并不等于说员工不符合公司标准或者令人不满意。同样，理查德（Richard）因过度旷工和迟到被约谈，将这件事记录下来并不意味着他的业绩不达标。不要认为员工自己能够理解（或者陪审团会赞成）——仅仅因为你称其表现"需要改进"就意味着他的业绩

第二章

绩效管理：实进反馈，季度目标，检查和年度汇报

不达标。同样，你需要进行更具体的阐述，例如，业绩或行为"没有达到合格标准"，或"目前没有达到公司的期望"。

第五，记录你在整个评估期间为帮助员工达到绩效标准所做的努力。例如，你在撰写年度绩效评估时，向员工提供了一份考勤政策的副本，报销她参加处理职场人际冲突的研讨会的费用，或鼓励她去当地的大学学习会计课程的事实。同样，祝贺该员工利用公司的学费报销计划完成了线上认证或许可计划。这些文件可以证明你的公司作为一个良好的企业，在评估年度期间履行了自己的责任，对员工进行了投资以提高其业务能力，或积极主动地帮助遇到困难的员工重整旗鼓，振作起来。

第六，构建书面未来目标和发展计划时要采取"我希望你……（通过某种方式）从而……（完成某个目标）"的书写句式。不要简单地这么写：

在即将到来的评估期内，你必须提高自己的客

户关系管理能力,更好地利用自己的时间。

要用"我希望你……(通过某种方式)从而……(完成某个目标)"的句式来加强语气:

我希望你在客户初次致电后的两小时内跟进客户,去客户的办公室与他们见面,而不是把他们请来自己的办公室,而且每周就他们的工作订单处理情况保持联系,从而提高自己的客户关系管理能力。

这种行文结构将帮你清晰地总结表述你对员工的业绩预期以及衡量这些预期的具体方式。清晰的书面信息不仅可以保护你的公司免受潜在的外部法律制裁;而且还有助于建立一种开放式沟通的共享意识、一种更大的伙伴关系意识,增强员工的责任感。

第二章

绩效管理：实进反馈，季度目标，检查和年度汇报

当今职场必备的关键能力
——创新能力、远程工作能力、变革能力和灵活应变能力

鉴于工作模式始终在快速地变化和发展，管理者需要培养善于改变、愿意服从、能够承担一定风险的员工。要想驾驭当今不断变化的职场工作，需要新的技能、能力和态度。至关重要的是，需要找到使企业成功的驱动因素，并将其纳入年度绩效评估模板，即年度报告。年度报告记录当今商业世界"以革命性速度发生变化"的倾向。企业的年度绩效评估模板应该每隔几年就修订一次，而不是一份文件代代相传。虽然你可能不在人力资源部门，无法实现这一点，但从运营领导层的角度，我强烈建议你这样做。

你可以修改整个模板，也可以简单地在现有模板上增加一个模块。无论怎样，重要的是，除了绩

综合力提升

效评估模板中列出的核心能力，你还要向你的团队传达你注重的价值取向和优先事项。当然，在走这条路之前，请咨询高级管理团队，但只要你的期望是明确的，一般来说，你应该有权在评估表上突出某些特征或增加某些领域，抑或在评估过程中增加一些环节。

可以从敏捷性、灵活性、适应性和远程工作等着手改变。在关注这些热点需求的同时，通过讲述出色的绩效案例给团队树立榜样。你首先要确定想要强调的核心驱动因素，然后集中精力确定关键词，提高标准，帮助员工集中精力达到新的、更高的期望。以下是每个领域的一些示例能力和描述。

适应性和灵活性

- 找到创造价值的独特方式，并激发员工的好奇心和想象力。
- 领导要表现出进行多线程工作、处理压力或

绩效管理：实进反馈，季度目标，检查和年度汇报

危机情况的能力。调整优先事项以满足团队或公司的需要。

- 面临挑战或资源不足的情况时，保持果断和冷静。
- 鼓励团队成员承担适当的风险，接受变革。
- 除了合理的分析和推理，还要常常运用天生的好奇心和直觉，提高我们的企业预测能力。
- 随时制定战略以反映我们不断变化的商业优先级。
- 有效地将战略转化为目标和行动计划。

创造力和创新能力

- 将想法转化为行动，将创造力用于工作，并制定创新战略。
- 重新思考常规流程，为提高客户价值找到独特的解决方案。
- 将创意建议转化为实际应用。

- 运用右脑的想象力、创造力和直觉以及左脑的逻辑和规划能力。
- 不断寻找创新方法、新技术和新工具。
- 定期加强与同行、团队成员之间的合作和进行公开讨论，以培养创新文化。
- 参与领导不同的产品团队，开阔视野、集思广益、丰富思维和提高创造力。

变革管理和应变能力

- 能够应对最后一刻的方向变化和计划中的意外变化。
- 面临工作方向或最后期限变化时，创造一个友好和包容的工作环境。
- 领导要表现出进行多线程工作、处理压力或危机情况的能力。调整优先事项以满足团队及公司的需要。
- 面临不断变化的优先级或需要执行偏离预

绩效管理：实进反馈，季度目标，检查和年度汇报

先计划的行动方案时，要与管理层进行适当沟通。

- 面临挑战或资源不足的情况时，保持果断和冷静。
- 面临不可预见的挑战时，帮助团队成员接纳变化并适应新的常态。
- 不断寻找新技术来提高工作效率。

远程工作

- 表现出适当的自律性、组织习惯以及书面和口头沟通能力，能够持续、有预测性地进行工作。
- 具备较强的协作和团队建设能力，以提高团队生产力，创造一个友好和包容的工作环境。
- 表现出高度的自我激励能力，知道需要做什么，并能运用灵活的手段创造性地解决问题。
- 随时准备适应新的工作方式、偶发的变化和

意外情况，包括互联网和Wi-Fi问题、服务器问题带来的技术挑战。

- 有效地管理时间，并对所有交付产品负责，不需要管理层不断检查。
- 养成良好的独立工作习惯，不断从工作方向的变化中学习积累，充分利用项目管理软件、共享文件和文件夹以及专门的内部渠道，与团队成员进行流畅沟通。
- 找到有效的方法来完成项目，知道在遇到困难或需要指导时应该向谁求助。

有了这些提高标准的能力关键词和描述，你就可以讨论如何在该领域取得特定的分数（例如，现实工作中怎样做才能拿到3分、4分或5分）。这是一项有趣的训练，通常比公司为年度评估采用的绩效评估模板更详细。这同样给你机会分享你认为对部门或团队很重要的能力，并表明你打算如何在评

第二章
绩效管理：实进反馈，季度目标，检查和年度汇报

估过程中收集这些反馈（如在评论下的单独叙述部分）。你可能会发现，当你特别关注当今最热门的工作技能，而现有的绩效评估模板中可能没有体现这些技能时，高级管理层不仅会支持你的倡议，而且他们可能会把这种做法推广到公司的其他部门、团队，或者直接修改绩效评估模板。

绩效评估模板不能完全满足要求时采取的措施

在绩效评估时,你应该准备好面对一个特殊的挑战:许多企业将员工的工作职责说明等同于年度绩效评估。这是一个错误,因为工作职责说明通常是绩效的最低标准,而绩效评估应该以能力描述中的最高水平为目标。

例如,下面以客服人员为例说明在现实生活中传统绩效评估面临的问题。

工作职责说明中要求的基本能力:

- 与客户进行及时、有礼貌和专业的沟通。
- 为客户提供及时、充足的建议。
- 足够了解公司产品,掌握交叉销售技能,确保客户高度满意。
- 根据客户需求确定工作的优先级。

第二章

绩效管理：实进反馈，季度目标，检查和年度汇报

- 定期学习新的话术和销售技巧。
- 巧妙驳回客户的反对意见。
- 特殊情况特殊处理，但需获得必要的授权和批准。

唔……如果绩效期望这么简单，管理者很容易打出 4 分和 5 分的成绩（即超出预期或杰出表现）。同样，员工也会因为得到 3 分（符合预期）而感到不满，因为标准定得如此之低，他们会将 3 分视为平均水准。作为对比，现在看看下面的加强版绩效评估描述。

绩效评估模板中要求的能力：

- 尽全力提供卓越的客户服务，争当模范。始终提供超出客户期望的服务。在解决客户问题方面始终表现出创造性和灵活性。
- 坚持以客户为导向，灵活行事，积极应对计

划的临时变更。将人际关系置于交易之上。总是希望给客户带来意想不到的好消息，包括降低成本和缩短交货时间。

- 将心比心，及时进行反馈和跟进，提供超出客户期望的服务。若无法满足客户的要求可委婉告知，并酌情将问题上报，以便进一步审查和批准。
- 以能与最具挑战性的客户建立关系为荣。乐于为有特殊需求的客户提供"非常规"的解决方案。比起客户满意度，更应注重提高客户忠诚度，这一点可以从高回头率中得到证明。

这些加强版的关键词提高了绩效期望，在更高的水平设定标准，并给出了相对更高标准的绩效描述。如果员工能够达到这些更高标准，那么他们就应该得到 4 分或 5 分；而许多人参照上述标准会意

第二章

绩效管理：实进反馈，季度目标，检查和年度汇报

识到自己应该得到3分。简而言之，绩效评估模板中要求的能力展示了卓越或杰出表现的真实水平，纠正了员工错误的期望认识：仅仅满足工作职责说明中要求的基本条件就可以获得较高的绩效评估分数。

如果你认为自己的绩效评估模板没有跟上时代的步伐，不要担心。你对这些关键领域的重视将在很大程度上提高员工对其个人业绩的关注。你也会帮助他们培养最关键的能力以适应更大的工作市场，使他们的技能和市场开拓能力达到标准。剩下的唯一步骤是帮助他们将这些提升后的成绩写入自我评价、简历和领英资料。

工作职责说明列出了执行工作所需的基本能力。相比之下，年度绩效评估应该随着时间推移逐渐提高标准：注重卓越的表现，以便员工能够根据最高标准而非基本的标准和期望来衡量自己的表现和行为。提高对核心能力的期望可以提高绩效水

平。这也能更好地避免评分膨胀,即管理者对员工的评分高于他们实际应得的分数,这是大多数企业的大忌。

变化是新的常态。你为整个企业制定了关键目标和预期成绩,那么就让绩效评估成为它们的助推器。如果绩效评估模板陈旧,而且有一段时间没有更新了,因此没能促使达成预期的目标和成绩,那么就与你的团队分享你的绩效理念,并解释为什么你的信念和战略将帮助他们保持市场竞争力,了解当今时代最大的挑战。从你所面临的需求以及你在当今充满挑战和不断变化的商业环境中所取得的进步的角度来讲,绩效评估工作具有全新的意义。

第二章

绩效管理：实进反馈，季度目标，检查和年度汇报

制订有效的绩效改进计划

虽然本书的重点是领导力的运用，但在本章中，讨论绩效改进计划至关重要，因为它们与年度绩效评估直接相关。PIP 在不同的职场中有不同的含义。

- 按照最传统的观念，PIP 会与不合格的年度绩效评估同步使用，它作为一项行动计划旨在扭转个人的（不合格的）业绩表现和个人行为，使员工的绩效恢复到合格的水平。
- 同样，雇主经常在渐进性纪律管理文件中使用 PIP 一词来概述绩效期望，界定可用资源，并邀请员工在转变过程中提交反馈。
- 还有一些企业将 PIP 等同于某种书面警告。为某个员工制订 PIP 意味着对其进行"违规

记录"。

在我们的案例中,PIP 指传统意义上年度评估不合格后制订的绩效行动计划。PIP 通常包含 5 个常见的要素:

1. 确定需要改进的具体领域(与绩效或行为有关)。

2. 提供存在问题的行为或绩效问题的具体例子。

3. 简述对达到或超过 PIP 条件的期望。

4. 确定培训、支持员工,以及有计划的员工谈话(进度会议)。

5. 确定时限,通常持续 60 至 120 天,平均为 90 天。

不过请注意,PIP 不一定是企业渐进性纪律管理方法的一部分。一般来说,它们是员工和管理者的行动计划,共同用于解决有关员工绩效或行为的重大问题。许多员工害怕制订 PIP,因为这可能是

第二章

绩效管理：实进反馈，季度目标，检查和年度汇报

被解雇的第一步——如果员工无法达到其中列出的条件，最终的确可能会面临这种后果。制订PIP是严肃的行为。除非员工能够持续做出显著的改进，否则PIP会议的书面记录会直接指出该员工无法或不愿意达到公司对该岗位的期望，该员工继而会受到渐进性纪律惩处或因故解雇。

如果公司将PIP纳入其渐进性纪律管理之中，那么PIP可能相当于一个口头警告。假设该员工以前没有受过纪律处分，不合格的评估结果将会触发PIP；如果员工无法达到PIP中列出的条件，公司可能会发出书面警告（也就是跳过正式的渐进性纪律惩处中的第一步，即留档的口头警告）。同样，如果PIP是因员工的过分行为或与过分行为相关的做法（例如，不服从命令、欺凌或报复）而制订的，那么它可以被视为一个书面警告，未能满足其中条件可能会收到最终书面警告。最后，如果员工在年度评估时已经收到过最终书面警告，而后没有通过

年度评估，则PIP可以作为正式通知，通知该员工如果不满足其中条件将被立刻解雇（作为正式通知，说明该员工正在面临被立刻解雇的危险）。

正如你所猜测的那样，这在很大程度上取决于问题的性质、员工的任期以及已有的纪律惩处记录。当PIP被用作纪律惩处措施或可能涉及严重的违规行为时，请与专业法律顾问讨论如何适当使用PIP，因为所有案例都要具体情况具体分析。

此外，在PIP中处理不合格的业绩案例，这点至关重要，因为任何员工都不应该收到重复的绩效评估"不合格"成绩。一次不合格的绩效评估将否定员工一整年的贡献。这是很严肃的事情，会产生严重的后果。因此，管理层应该立即对评估不合格予以回应，以解决存疑的问题，转变局面。管理层若未能做到这一点将是很大的失误。如果一个员工连续两次（或连续三次及以上）绩效评估不合格，实际上会使解雇该员工变得更加困难。毕竟，法庭

第二章

绩效管理：实进反馈，季度目标，检查和年度汇报

可能会质疑，既然这些年来你一直在容忍这个问题，那么为什么你现在要武断地提出解雇？

提示：当你确定即将走到解雇员工这一步时，除了 PIP 和年度绩效评估，一定要发渐进性纪律惩处警告，以便留下更明确的记录，表明你已经采取了适当的程序，而且该员工也明白自己面临着离开原职的危险。如果你多年来一直容忍这些问题，并且从未采取任何措施，那么连续的评估不合格不一定会引起员工的重视，使其担心自己的工作会受到威胁。例如，最终书面警告可以这样写：

这是你最后的机会，你现在直接面临着失去工作的危险。如果你不能即刻做出改进，坚持改进，那么你将被解雇。

关于这一点，请看"保罗·法尔科内职场领导力系列丛书"第四册。

请注意，你不需要特定的表格或模板来创建 PIP，只要包括上述要点的叙述性总结就足够了。

不过，如果你更喜欢用模板，可以采用表2-1这样简单的模板：

表2-1 绩效改进计划表

绩效改进计划	
表现不佳的描述	
绩效改进的目标	
计划开始日期	
计划结束日期	

目标	成绩标准	所需支持	评估日程	目标成果

员工签名　　　　　　　日期

主管签名　　　　　　　日期

第三章

激励因素、专业和职业发展

第三章

激励因素、专业和职业发展

对员工的优异业绩进行奖励远比因他们的业绩不佳而进行惩罚要好得多。发扬人们的长处总是会比弥补他们的短处带来更多回报。让员工承担更多的责任，对他们自身和企业都有好处，因为没有人比一线员工更了解工作内容或客户。若想打造一个充满创新、创造力和想象力的工作环境，只能靠实行正确的激励措施和坚决支持工作计划的有魄力和有远见的员工队伍。

你如何激励员工度过艰难时期？如何创造一个更温馨、更包容的工作环境？如何改变企业文化？答案是：一天一天，一步一步地来。但是，不要搞错了：这一切都从你开始。

没有一个管理者可以点石成金，或者挥一挥魔杖就能重塑公司文化。但你是第一张多米诺骨牌。你可以明天就对单位、部门或部门产生影响，提高团队的生产力和改变工作轨迹。只要简单地转变一下你对自己是谁和选择成为谁的基本观念，你就能找到新的方法激励优秀员工，使工作重新充满乐趣。这一切都源于团队内的尊重、认可和信任。

本系列丛书中的其他书籍介绍了如何实现以上目标。本章的重点是讨论创造一个健康的工作环境，使团队成员能够根据所面临的最新挑战，找到激励和重塑自我的新方法。记住拿破仑·希尔（Napoleon Hill）所说过的话：

一个人取得伟大成功的最快途径就是帮助他人取得成功。

没有什么会比帮助他人取得成功更能确保自己取得成功。今天，有人在寻求你的帮助和支持——给他搭把手，给予他信任，尽你所能助他成功。这是服务型领导的要义，也是伟大领导者的素质。要永远记住：有付出就有收获。

第三章

激励因素、专业和职业发展

无须奖金就能激励员工：职场生活的圣杯

有人认为向公司辞职的员工有两种：一种是辞职后立即离开的，另一种是递交辞呈后选择留下来的。无论是身为普通员工还是晋升为领导，我们的身边都有这种人：他们希望离开公司，无论去哪里都好，他们行为的方方面面都显示出这一点，浑身散发着不满（至少很冷漠）。作为领导者，想要改变那些早已丧失工作动力的人，让他们改变现状、为团队做出积极贡献，这永远是最艰难的工作。

让我们从一个基本的假设开始：在这个世界上，你没有必要把让所有人都快乐的重担揽在自己肩上，尤其是在许多员工面临挑战、变化和动荡的情况下，因为美国企业正在改变优先级。很少有公司有机会在内部提拔员工；因为财政吃紧，许多公司取消了奖金，甚至取消了年度绩效奖金。更重要的是市场中存在着一种潜在的紧张感，即一旦市场放开，美国企业即将崩溃，员工将四散而去，希望弥补在职业生涯中失去的时间。

因此，现在是关注"人才招聘和保留"方程式的后半部分的时候了。当市场不景气时，留住人才的计划和激励措施往往会被搁置一旁，因为员工没有机会另谋出路。然而，为了使人才保留计划有效，这些计划需要实施一年左右，让员工有时间参与该计划并从中获益。因此，现在就应该开始认可、赞赏和激励你的员工。这并不意味着你必须带着啦啦队手花去上班，在工作中扮演啦啦队长。有一些相对简单的方法，可以帮助你创造一个员工可以自我激励的环境。

增加公司和竞争对手之间的竞争

更多的公司坚持封闭式沟通而非开放式管理。换言之，高管常常认为他们的员工知道的越少越好：

第三章

激励因素、专业和职业发展

我希望他们进公司完成工作,而不是忙着了解公司的损益表。但这是一种陈旧的逻辑。即使高管团队坚持这种封闭式沟通方式,你也要对自己的员工进行开放式管理。若有可能,可以在 Glassdoor.com 等社交媒体网站上了解本公司,浏览企业文化和工作风格。其他激励员工研究的信息来源包括:

- 各大网站上的新闻。
- 领英、脸书和推特上的公司账号。
- D&B Hoovers 全球销售加速平台的商业数据库提供免费服务和订阅服务,涵盖公共、私营企业以及国内和国际公司。
- Guidestar.org 和 CharityNavigator.org,专注于非营利组织。
- CorporateInformation.com 提供免费和订阅的国际公司信息。
- 普利维公司(PrivCo)免费提供有关私营公

司的一般商业信息，提供订阅服务。
- 全球开放公司数据库（Open Corporates）是世界上最大的免费公司记录数据库。
- BizStats是专门提供行业（而不是公司）信息的网站。

当然，还有许多其他的企业研究网站，要让你的员工深入研究公司，包括公司历史、竞争对手和行业趋势，在他们心中点燃良性竞争意识和好奇心，让一些不关心公司发展或者已经忘记了公司独特吸引力的人重新积极地参与职场生活。

同样，指派一个小团队来审查美国劳工统计局的《职业前景手册》(*Occupational Outlook Handbook*)，了解你所在部门的具体职能和职业发展道路，以及他们对未来十年就业增长的预测。例如，如果在未来十年中，总体经济将以每年4%的速度增长，而人力资源职位将以7%的速度增长

第三章

激励因素、专业和职业发展

（这是个好消息）。但该网站上的电子表格让人大吃一惊：出版业的人力资源工作将减少14%，但数字出版业的人力资源工作将增加23%；医疗保健和科学领域的人力资源工作将增长55%，但邮局的人力资源工作将下降38%。从本质来说，你可以在自己的企业里培养未来学家，他们可以研究本行业或部门的趋势和模式，并有机会更好地探索他们的职业道路和行业潜力。没有什么比让员工找到正确的工具，让他们可以自学（以及教导你的其他员工）更能激发兴趣和竞争了。知识就是力量，免费的在线资源提供了关于你的行业、企业和工作发展的宝贵信息。

成立季度读书俱乐部

你听说过"每月一书"俱乐部吗？好吧，一个月读一本书对你的团队来说可能有点过于激进，但如果你想激发员工动力，帮他们跳出条条框框，那么这个最佳方案可能会为你收获一些粉丝。只需选择一本你们都想在60天或90天内读完的书。为每位员工分配一章，让他们在每周的员工会议上分享读这一章的启示或心得。真正的挑战在于让你的员工将书中的理论知识应用到日常工作中。公司应该为这些书报销，但每年几百美元的加薪永远不会产生这么好的效果，也不会有这么大的潜在投资回报。

定期轮岗任务

一些财富500强企业有非常正式的轮岗计划，可能会持续数年，横跨全球。员工轮岗时，他们的任务需要重新分配，可能有利于外语学习，或让他们掌握充足的有关移民的法律知识（签证、绿卡、工作许可证等）。虽然这些宏伟的计划无疑会为公司整体的就业经验和员工个人对公司的长期价值带来惊人的价值，不过，为了让核心员工接触业务的

第三章

激励因素、专业和职业发展

其他领域以提高他们的发展意识和扩充专业知识，大多数企业必然会在企业愿景和确立目标方面降低要求。

但是，不要因公司项目规模小而受到干扰：员工偶尔在有限的岗位上轮岗，可以学习新的技能，并在工作中形成新的视角。在定期轮岗时，首先可以用半天时间去其他部门了解业务，并排坐着接听电话，或陪同现场员工前往客户住所或营业场所。轮岗有助于人们拓宽对自己职业兴趣的认识，全面了解企业的运作。让保险理赔员和承保人坐在一起，让预算分析师和国际财务人员坐在一起，或者让招聘人员和雇员关系专家待上半天，这都是帮助员工拓宽视野、接触部分业务的绝佳方式，否则他们对这些工作只有刻板印象。

事实上，有无数的方法可以在没有奖金的情况下激励员工。不要让财政预算成为阻碍：寻找免费的在线资源，为你的员工指明正确的方向，并帮助

综合力提升

他们了解如何剖析一家公司、一个行业或他们自己的职业轨迹。虽然没有什么比金钱更有效,但这些免费的在线资源可以极大地激发人们的兴趣和参与感,并帮助他们培养研究技能,他们可以在今后的职业生涯中使用这些技能。

第三章

激励因素、专业和职业发展

激励因素的本质：迅速扭转局面的五个步骤

如果你问人们为什么工作，常见的回答可能是"因为我必须工作"，或者是"为了赚钱"。虽然就许多方面而言，这可能是真实、真诚的答案，但说出这些答案的人只是为了糊口，无意打拼事业。这种想法对于你所在的工作领域来说可能没有问题。不过如果你现在正捧着这本书，从头到尾地阅读，你身边的员工很可能都想要打拼出一番事业，期望在同行中脱颖而出。俗话说，"如果你热爱自己的工作，那么你此生就不会觉得在饱受工作之累"。虽然这句话对我们大多数人来说可能听起来有点过于利他主义了，但它揭示了一个真理：工作的本质是实现自我价值，培养敬业精神，并在工资和奖金之外带来一定的精神收益。它给了我们一个机会来定义自己，融入一个大集体，并通过我们的努力来改

综合力提升

变世界。

对于我们大多数人来说，即使适度的自省和职业反省也会表明我们想要做出积极的改变；我们想要学习、成长、学习新技能；我们希望帮助员工扬长避短，取得进步，使他们在确定自己是谁和想成为谁的过程中获得成就感和满足感。要真正了解激励因素的本质以及打造理想职场的方法，让员工获得动力并定义自己，你就必须认真审视自己对人类行为的基本假设的正确性。

例如，如果你相信工作可以为员工、管理者和公司带来三赢的结果，那么你的最高目标应该是打造一支参与度高的员工队伍。同样，如果你认为员工会在为自己承接的项目和目标服务时进行自我指导、自我控制，那么你必须认识到，激发动力的关键在于燃起员工对成功的渴望，然后你抽身而出即可，采取"少即是多"的管理方法，为他们找到自己的创造性解决方案扫清道路。此外，普通员工希

第三章

激励因素、专业和职业发展

望承担起责任,获得认可,并在面对公司大小挑战的过程中有足够的空间发挥想象力和创造力进行创新。是的,如果你相信这些,那么你只是需要寻找一种方法,让员工们全力以赴,为自己和他人创造更多获得成功的机会。

自从19世纪科学家开始认真研究工作的本质以来,有两个针锋相对的思想流派此消彼长:

1. 员工自然会逃避工作,在不受纪律约束的情况下尽量少做工作,公司必须对此密切关注、加以防范,以免员工不顾公司经营者或公司其他员工的利益,利用公司,加速公司的倒闭。

2. 领导层的责任是创造条件,给员工提供最大限度的自主权,帮助他人取得成功,从团队中脱颖而出。

最终结果:鼓励员工找到自己的个性化解决方案来应对职场的挑战,并根据企业不断变化的需求确定新的创新模式。这远比给员工强加一套需要强制执行的控制和授权系统要好得多,因为这些员工要么不了解,要么不屑于了解公司的目标,或者根本不知道该如何才能融入公司,和公司共渡难关。

赞赏、认可员工辛勤的工作

到目前为止,企业文化中最重要、最直接的变化来自你赞赏、认可你的员工完成业绩的意愿和能力。认可不一定是金钱上的。事实上,许多专门从事奖励和认可计划的咨询公司会告诉你,研究表明,在员工心目中,公开的赞赏和认可远比现金卡或密封信封中的支票更有价值。领导者有很多简单有效的方法来认可员工。有时就是一封手写的感谢信这简单。鼓励你的团队成员效仿你的做法,认可他人的出色表现。现在有多个应用程序,专门用于标记员工的成就、分享喜讯。考虑购买一个应用软件,尤其是当你的团队远程工作时,通过电子媒体更容易联系。公开赞赏和认可员工的出色表现，发现他们的优点，并考虑举行公司表彰活动以表彰更大的成绩，尤其是在团队的紧密合作下取得的成就。

帮助员工实现其职业目标

职业发展是提高员工满意度的一个重要驱动力。绩优员工往往有着丰富的工作履历。为有才能的人提供机会，让他们每天将工作做到最好，再为他们提供培训和进修机会，这将在很大程度上帮助他们实现职业发展目标。让你的公司成为以致力于职业发展而闻名的企业。为员工提供交流机会，让他们在团队午餐会议上认识公司其他部门的领导。作为直接下属的导师和教练，询问他们的长期目标以及你如何做才能帮助他们达成目标。让员工知道你对他/她个人的方方面面都感兴趣，而不仅仅是对职场中的他/她感兴趣。你可能会发现，一旦你给予员工高度的关注和热情,他们也会给你同样的回应。

辞退表现极差且消极怠工的员工

我们都知道"苹果里的虫子"的故事。有些员工只是内在消极。这些人往往患有受害者综合征或自认为应得到某种特权,因此不相信友情和团队合作。无论他们接触到什么,无论他们想做什么,通常都会给他们自己、他们的同伴和整个公司带来负面影响。

虽然说起来容易做起来难,但把这些消极的人"请出"职场往往会使员工敬业度和热情立刻飙升,因为其他员工会立即感到如释重负——他们不再因为在这个同事身边而提心吊胆了。消除障碍是激发团队动力的关键,而这种障碍有时就是那些业绩极差、消极怠工的员工。简单地说,你不可能一直激励每个人:生活没有那么容易。如果你发现有人拒绝快乐，拒绝与他人相处，或者尽管你尽了最大努力寻找每个人的闪光点，但他却在四处制造焦虑等消极情绪，那么采取一种体面而且合法的方式将其除名（因为这些人往往会是带头起诉公司的人）。你要知道，在你的职业生涯中，无论何时都会有35%的员工属于这类人，所以要与人力资源部门以及你的直接主管密切合作，相互扶持，互惠互利。

信任危机

如果查看大多数员工意见调查类别，你会发现员工与管理层和工作环境的关系通常属于前五个类别中的两个。尊重所有级别的员工，信任、开放的沟通以及与直接主管的关系，通常能涵盖在典型调查中发现的大部分问题。这是为什么呢？因为与直接主管的关系比其他任何因素都更能决定个人的成功和潜在的长期生存能力。与同事的关系，团队合作以及工作本身的意义都会影响员工个人在大团队中的归属感。

然而，流言蜚语、打小报告者和造谣者会比任何事情都更快地扼杀友情和信任。你要立即拦截谣言，因为如果不从源头上阻止，它们会被大肆传播，降低生产力，影响士气。请参阅"保罗·法尔科内职场领导力系列丛书"第四册中的"处理流言蜚语、造谣者和告密者"，以了解更多关于如何有效处理此类挑战性行为的信息。

提前计划

所有员工都希望公司的未来能给他们一定的安全感。他们同样希望了解自己的努力如何为企业的更大目标、使命和愿景做出贡献。慷慨地公开信息，确保员工了解你提出问题的原因，以便员工可以根据现实情况推荐解决方案。通过记录计分卡、数据仪表板和其他形式收集数据，帮助他们了解公司。请记住，一流的公司获得社会的认可是因为其

第三章
激励因素、专业和职业发展

虽历经岁月洗礼,依然保持长盛不衰,在年复一年的摸爬滚打中积累了丰厚的管理经验和运营知识。要帮助员工提早谋划,了解他们在公司未来挑战中的作用,这是一种健康的黏合剂,可以使公司长久地留住人才。

挽回不安分的优秀员工：满足个人职业发展需求

多项职场民意调查显示，50%~75% 的员工表示，一旦有合适的机会，他们会离开目前就职的公司，你的员工可能也不例外。如何识别那些有离职换工作想法的下属？更重要的是，你现在可以采取什么措施来提高他们对公司的忠诚度，以防他们在面临诱惑时选择离开。

首先，请记住，问题的关键不在于员工的满意度，而在于员工的敬业度。让下属参与到他们的工作中，让他们感受到自己努力带来的成果，帮助他们丰富自己的简历、发展技能——这是伟大的领导需要做到的。事实上，在任何时候，学习曲线都是将员工与所有公司联系在一起的黏合剂。帮助他们提升自己，同时又能使公司受益，自然就会提高他

第三章

激励因素、专业和职业发展

们的满意度和敬业度。如果员工全身心投入工作，全力以赴，再多的薪酬（在合理的范围内）可能都无法吸引他们辞职。

但随着时间推移，员工可能会变得消极怠工，你也许无法及时发现。诚然，没有什么工作能比人类的精神更伟大的了。一旦"我们与他们是对立面"的权利心态占据上风，就很难再回头了。在这种情况下，和你的公司比起来，其他公司的待遇往往会显得更加优厚，到那时，要留住员工可能就太晚了。

当员工表现出色，收获了认可和赞赏，他们就会保持工作热情。如果他们与直属上司进行坦诚的沟通和信任，他们会感到满意；当他们相信自己在目前的职位上还有更长远的发展机会时，他们会竭尽所能工作。简而言之，工作也能带给人一种精神上的收益，使人们感到被社会认可，备受尊重。

相比之下，脱离工作节奏可能有几种常见的

表现方式，既有不易察觉的，也有明显的。最明显的例子就是一个平时外向、热情的员工突然变得非常沮丧，工作态度十分消极。有时，他又不易被察觉，只表现为扬起的眉毛和冷漠的叹息；有时则表现为公开挑战上司或与同事大吵大闹。无论这种变化是明显的还是本能的，倘若有人向他抛出橄榄枝，你可能很容易失去你的"明星"员工，因为对他来说，在你的办公室工作没有趣味，没有回报，无法产生满足感。

如果你想让明星员工重新爱上工作，这并非难事。首先，问问你的员工什么对他来说是重要的。最有效的战略侧重于特定的个人需求。问题的关键在于你要问自己：你们之间是否存在信任？你喜欢你的老板是一回事，而你信任你的老板是另一回事。信任是最关键的因素。如果存在强大的信任纽带，那么也许所有问题都能迎刃而解。如果缺乏信任，那么最佳的解决方法就是允许员工自行离职并

第三章
激励因素、专业和职业发展

寻找下家。

假设你们的确互相信任，那么作为领导，你首先要做的就是以这种方式提出这个话题：

乔，我想和你进行一对一的谈话，以便了解你对当前职位以及对公司的总体满意度。开门见山地说，我想把你留在公司，我要确保你对公司和你的职位感到满意，愿意投入工作。在我看来，你是本公司和本部门未来发展不可或缺的一分子。我知道，我们现在可能无法为你提供晋升的机会，我也无法透露我们的年终绩效预算，但我可以告诉你，我想培养你将来在公司内担任更重要的职务，承担更大的责任，现在我想和你谈谈如何做到这一点。

有了这样一个有力的口头承诺（最好还有同样有力的绩效评估和个人发展计划），是时候发挥创造性了。这种创造性取决于你的行业、地理位置、公司历史以及下属的个人兴趣。下面让我们来看一个人力资源管理方面的例子。

综合力提升

你的人事主管非常善于识别人才，可以与难以找到的求职者商谈薪资，但你怀疑对家公司对他有所耳闻，可能会来挖墙脚。此外，你认为他可能觉得他自己的职位越来越没有挑战性，工作日益敷衍，不思进取。也许这个人最终想独立经营自己的人力资源部门，或者更倾向于长期从事招聘这个行业。你如果不与他交谈就不会知道他的想法，所以要寻找创造性的替代方案，激励他为了自身利益留在公司，尽管他可能会有大量的其他的工作机会。

你要对留在公司的核心人才做出个人承诺：你将帮助他们获得他们可能还不具备的技能、知识和能力。你还应明确员工之间的技能和发展机会会存在差异，以激发他们工作的动力，并提高你自己作为一个真正的领导者和职业教练的声誉。这对所有人来说都是双赢的，因为你积极主动的外展活动可以留住优秀员工。此外，你将为公司节省招聘和培训替代人员的时间和费用，并且将一个浑水摸鱼的

第三章
激励因素、专业和职业发展

员工拉回正常的工作状态（他可能只是暂时没有找到自己的职业愿望和需求）。

如果有人现在正在考虑提出不现实的工资和晋升要求，你是否有可能把他从不切实际的幻想中唤醒？毕竟，乔并没有直接向你抱怨，你只是怀疑他可能对自己目前的职位或薪水感到厌烦和不满。没错，如果你不在开展这些活动的同时给他升职加薪，那么会有一点风险：你会无意中提高乔的期望值，影响他的士气。但如果一开始你们就彼此信任，便不存在这种问题。此外，如果你先发制人，告诉他本次谈话是为了讨论职业发展，无法立即调整薪水或职位职级，那么你就能正确地设定他的期望值，这样你对他工作的赞赏和认可就不会让他冲昏头脑。

从本质上来看，你需要防患于未然，提早实行人才挽留措施，而且是以更友好的方式进行。让你的员工回归本职并重新投身于他们的事业，这无疑会使你自己的事业更有价值、更有乐趣。你可能会发现,为那些你在职场最关心的人创造新的职业机会,会让你的生活焕然一新。

第三章
激励因素、专业和职业发展

"留任面谈"：比挽留措施更胜一筹

如果有一天，优秀员工想要追求更广阔的前程，自然会有大把的选择。这也无可厚非。许多员工觉得自己多年来在职场一直处于水深火热之中，但考虑到工作的稳定性，不敢更换公司。如何打破优秀员工跳槽的这个潜在规律，帮助最优秀、最有悟性的员工继续保持在本公司的工作热情和参与度？一旦你最信任的员工带着辞职信来到办公室，你该如何避免费尽心思挽留他们的尴尬局面？

毫无疑问：员工一旦递交了辞职信，就意味着他与公司产生了分歧。想必你不希望迫不得已进行这样的谈话：

呃，我不知道你在公司待得不愉快。为什么不告诉我你想要加薪，或是想晋升？我想知道，你期望升职还是加薪，有没有具体的诉求，给我几天时间,看看我们是否能给出一个能让你满意的方案。答应我,在你看完下面的内容前,别做出决定……

令人寒心的是,这种场景在全球各地的企业中都在上演,并且越来越常见。但这可以避免吗?管理者是否可以主动采取什么措施,避开这个陷阱?答案当然是肯定的:如果你能跟进了解优秀员工的职业需求和长期目标,那么自然可以避免他们突然离职,给你一个措手不及。

所以,如果你对员工离职不以为意,并且长时间没有进行(或从未有过)此类沟通,那么现在是时候打开沟通渠道、进行辞职演练了——确保优秀员工会全身心投入工作、保持工作劲头;按学习曲线培养他们,帮他们保持工作积极性,为团队和公司尽心工作。

留任面谈关注的并不只是公司前 20% 的顶尖员工——他们设定了业绩和生产力的优秀标准,让你的生活变得更加轻松。而其他 70% 的员工,他

第三章
激励因素、专业和职业发展

们处于业绩钟形曲线的中间位置,这个标准同样适用。但从优秀员工着手有其内在意义——赞赏他们的贡献,还要让他们知道,你很关注他们在公司里特别是团队里的未来事业发展。不要过于做作、流于表面、敷衍了事,或许你的员工可能会对此感到不习惯,或者并不领情。有一种方法可以让你轻松地与那些你不愿失去的人才进行对话(如果有机会的话)。

假设背景情况如下:

有猎头向你的一名优秀员工抛出橄榄枝,邀请他去竞争对手的公司。猎头可能会问:

- 你为什么想离开现在的公司?
- 如果现在的公司可以提拔你,升到什么职位,你才会考虑留下来?
- 如果你继续留在目前的雇主那里,你的下一步职业发展规划是什么?你需要多长时间才

综合力提升

能达到这个目标?

你的那些优秀员工将会如何回应?假如有员工在公司干得不愉快,或对其他方面不满意,他的典型反应可能是:

嗯,我在目前的公司里真的没有发展空间。我不认为自己学到了什么新东西——我只是在大量地重复过去几年中一直在做的工作。我觉得自己在事业上停滞不前。无论是加薪还是升职,留在目前的公司都没有什么机会。

如果你怀疑自己有一个或多个得力下属可能会以类似的方式回应猎头公司的问题,那么你就应该花一些时间和他们相处,了解他们目前对工作的满意度和参与度。换言之,以这一起点为切入点,深入探讨他们的想法,如改进团队工作流程,在为公司做贡献的同时建设自己的职业生涯,并适应所在部门不断变化的需求。

第三章
激励因素、专业和职业发展

在谈话开始时,可以问问你的员工他如何评价自己在这里的职场体验。他在这里愉快吗?工作时有多投入?回报如何?或者他是否觉得自己每天的工作都能做到最好?如果他反问你为何发问,你就告诉他,你想在提高团队人员的参与度方面做一点改进。但你首先要从明星员工开始,预判他们的感受以及他们认为团队中的其他人对类似的问题可能做出什么反应。

以 10 分为满分,理想答案是 7 分或 8 分(10 分代表非常愉快,1 分代表极度痛苦)。无论何时,大多数员工都会有某种程度的不满,这很正常。除非你要求,否则大多数员工不会直接自愿给出不满的反馈。但是哪怕你问了,因为员工会担心你认为他们缺乏工作动力,或想要跳槽,大多数人也不会向你(他们的主管)提交低于 7 分的分数。同样,任何打 10 分的人可能是"夸大其词",不是真心实意(除非最近有升职的机会,或是其他能获益的事情）。如果平均答复是 8 分，那么就接着问一些后续问题："为什么你打 8 分？""你认为怎样才能提升到 10 分？"

问这两个问题是为了以一种非常微妙、真诚的方式，了解他们对于公司的立场以及他们有多大概率会成为猎头的目标。为了进一步推动对话，你可以问他们，"以下六项中哪个会对你起到激励作用，哪个对你的职业生涯最重要？"

- 通过晋升职级和职位实现职业发展。
- 在原本工作范围外接受更多的工作责任和技能培养（例如，其他部门的轮岗任务，海外机会等）。
- 掌握新的技术技能（例如，通过外部培训和认证）。
- 培养更强的领导、管理或行政能力。
- 工作与生活的平衡和灵活性。

第三章

激励因素、专业和职业发展

■ 金钱和其他形式的补偿。

尽管几乎所有人一开始都会提及金钱或加薪,毕竟,谁不想得到更多的钱呢?不过大多数人很快就会转向其他五项,这才是决定他们去留的真正动力。利用这种谈话形式对每个优秀员工的需求、愿望和诉求进行更深入的探究,然后让他们就如何实现这些目标提出建议。是的,这存在一定风险:员工的愿望清单也许天马行空,但在一对一面谈的情况下,员工不大可能会说出一连串不切实际的期望。务必要了解驱动优秀员工的激励因素以及你和公司失去这些人才的概率和风险。

如果你的做法真诚无私、发自内心,下属自然会敬佩你所做的努力,仅此一点就可以大大加强你们的工作关系。当然,你必须准备好跟进晋升、股权调整等要求,不过你可以事先说明,你无法做出任何承诺,也不一定能左右公司的预算限制。你要向他们解释，本次谈话的目的不仅是想要了解他们对公司的看法，这是一种小范围的工作氛围调查，而且是为了让他们知道你有多么重视他们、多么欣赏他们为公司所做的贡献。你要直截了当地告诉他们你不希望因为猎头随便打一个电话就失去得力下属，这种留任面谈远比事后的离职谈话更有意义。

最后，表明你鼓励他们制订切实的、个性化的个人发展（又称留任）计划，帮助他们为下一步的职业发展做准备。同样，现在就询问他们的意见，包括在你的部门内有哪些地方可以改进、提高效率，或需要重新制定或创建什么制度，以及如果他如愿升职，你们同为领导者该如何携手整顿团队，提升成员的信心和士气，推动团队进一步提升。

现在就开始面谈吧。让优秀员工成为团队业绩转折的关键。倾听他们的心声，寻找新的方法，帮助他们在企业内部建立自己的职业生涯——无论是

第三章

激励因素、专业和职业发展

纵向发展、横向发展,还是构建新的学习曲线。在优秀员工被挖到更大的公司之前,让他们参与进来,这不失为一种合理、积极的措施,避免了在员工萌生去意之后才忙于挽留的窘境。对于提高关键员工参与度和留存率而言,留任面谈和辞职演练的确是实用而明智的方法。

采取挽留措施，确保自己的做法无误

留任面谈代表着积极主动的态度，让员工保持参与感和适应公司改变，这样他们就没有必要去其他地方另谋前程；相比之下，挽留措施虽然有时是必要的，但本质上更具反应性和戏剧性。一般来说，挽留措施始终是例外，不是常规举措。主要原因在于，一旦员工经历了终止聘用关系的心理分离过程，通常就会出现态度上的决裂，而这种决裂不可能轻易复原。此外，一旦员工有意向另谋高就，公司便许诺给他们加薪或者让他们参加海外项目，可能会让人认为公司方面黔驴技穷了，也暴露了公司对员工个人的职业管理不善。问问猎头，挽留措施是否有效，他们很快就会答复，在大多数情况下，接受挽留措施的员工很可能会在六个月内离职，因为他们不满的根本原因往往没有改变。

第三章
激励因素、专业和职业发展

因此,如果没有管理层的真诚干预,额外加薪这种挽留措施可能只是拖延时间,那些因为害怕改变或出于愧疚而留下来的员工最终会意识到,如果最初促使他们考虑离职的原因没有改变,那么离职在所难免。除此之外,长期需要挽留人才的公司也面临着企业内部产生道德危机的风险。员工们看着这种情境一次又一次地上演,然后发现:这家公司很吝啬,不会为员工做任何改变来提高员工幸福感,所以你必须递交辞呈才能引起重视,获得加薪。这绝非良策。事实上,这可能留下后患——雇主以后只能通过加薪留下人才。

话虽如此,在处理员工辞职的问题上,有时挽留措施也是有意义的。关键在于知道如何采取挽留措施,帮助员工与企业重新建立联系,并在对企业的影响和建立职业生涯方面帮助员工重获价值感。不过这可谓"知之非艰,行之惟艰",如果希望圆满解决问题,双方都需要表现出诚实、透明的态度。鉴于情况已经恶化到了危机阶段，公司和员工双方必须都坦然承认自己的不足之处，必须都愿意真诚地、有意识地努力扭转局面。有了双方的承诺，就可以开始"重修于好"了，员工可以从一个新的角度着手重塑自己与企业的关系。

如果你（雇主）真诚地认为，在员工提出辞职的严峻形势下，挽留措施会起到作用，那么有两条简单的准则可以遵循。第一，如果你坚持倾听，倾听员工提出的问题，并与他人携手解决真正导致员工最初想要离职的核心问题，那么采取挽留措施、进行真诚的雇主干预可能会奏效。但务必态度真诚、无私，关注员工个人需求。面对人才流失只知道升职加薪，却忽略问题所在——这一套做法太糟糕了，因为它只是使不可避免的事情延迟发生，而非完全避免。这对你的员工来说太不公平，因为他们可能失去另谋高就的好机会。

第二，假设你没有办法给出升职加薪的许诺。

第三章

激励因素、专业和职业发展

在这种情况下，你是否仍然能够给出一个令人信服的理由把人才留下？除了升职加薪，还可以做出什么改变？员工与企业的新关系会是什么样的？诚然，如果你不努力满足可能跳槽的员工提出的要求，便有可能无法留下人才；但如果你不从整体角度看待问题，目光仅仅停留在升职加薪上，可能会错过整个干预策略的重点。简而言之，如果你不愿意参与投资人才维护，即在未来三到六个月内把大部分精力投在这个人身上以确保一切按照目前达成的协议进行，那么你就放弃挽留吧，然后祝他在新的工作中一切顺利。我们此处谈论的需要的"参与"，包括持续的合作和跟进。

真正的挽留措施还可能涉及这样一个事实：由于经济原因，内部晋升的机会很少，或者奖金很少。尽管有这些限制，但你希望你的员工认识到，你把她视为一个值得留下的人才，你愿意围绕她的职业愿望建立长期的个人发展计划。首先，你显然

综合力提升

想要了解是什么让她决定离开公司，不妨礼貌地询问她新公司开出的条件。其次，你必须事先说明，在没有得到高层领导同意和预算批准的情况下，你无法做出任何承诺，不过在她的配合下你可以了解什么条件会让她考虑留下。最后，你可以列举一些她自己可能没有考虑到的机会，包括调去公司总部、参加新的教育项目（可能获得认证或执照）、学习新业务、更好地平衡工作和生活，或类似的机会。

无论她做出什么决定，你都必须尊重她的决定。如果她选择留下，不要过早开始庆祝：要意识到艰苦的工作才刚刚开始，因为你要做很多事情来兑现自己的承诺。如果她选择离开，就让她走正式的离职流程：让她一起寻找这一岗位的接任者，可以考虑举办一个小型的告别派对，以便众人能够感谢她多年来为公司做出的贡献。没有理由闹得不愉快：事实上，如果她在新公司担任更高的职务，承担更多的责任，你和你的团队不妨为她庆祝——如

第三章

激励因素、专业和职业发展

果没有在本公司的历练,她可能无法取得这样的成就。合理的人员流动与专业和职业发展息息相关。是的,优秀员工离职是件麻烦事,但这对于团队中的其他人却是新的契机,他们可能会站出来,争取空出的职位——那可能是他们梦寐以求的位置。

有了这样一个彰显尊重、无私和经过深思熟虑的挽留措施,你无疑会有机会留住人才。即使没有成功,你至少可以放心,别人会知道:你以专业的态度尽职尽责地处理了整件事,你把员工的职业利益放在自身需求之上,而且你从始至终非常冷静从容。结果可能是你无法控制的,但是你采用的策略将帮你赢得民心,并使你在公司内成为真正的领导者。

综合力提升

识别职业倦怠，根据员工个人需要重新激发其工作动力

职场倦怠是一种由长期的压力和挫折带来的情绪上或身体上的疲惫状态。这是一种由持续的压力、紧张和由于对工作安全、业绩要求、公司健康等方面的恐惧引起的常见现象。随着疯狂的就业市场出现大幅上涨，随后又大幅下跌，各级员工都感受到了在美国企业中管理职业生涯的内在压力。也许你也面临情绪负担，因为你一直在努力让你的员工参与工作、保持愉悦。无论情况如何，无论你和你的员工如何走到了这一步，结果都不乐观：脾气变坏，反应迟钝，颐指气使，晚上和周末工作时间过长，工作和生活失衡以及其他典型的离职的现象可能就在眼前。

每当你感觉到团队中有成员可能正感到职业倦

第三章
激励因素、专业和职业发展

息或工作超负荷,首先要认识到这些负面情绪产生的原因。如果原因在于长时间不间断地工作,那么让他休假可能是一个简单有效的补救措施。是的,这意味着在该员工返回岗位之前他的工作可能会堆积如山,但也许你可以通过轮流将新的工作分配给其他员工来暂时解决这个问题。对所有员工采取此项措施,允许急需休息的人休假。

如果所有人都经常在办公桌前吃午餐,那么可能是时候采取措施了:循序渐进,每周指定一天让大家离开办公室一起吃饭。同样,优先考虑在公司大楼周围或附近集体散步。在下午 3 点散步 20 分钟,这对每个人(包括你自己)来说都是健康的习惯,给你们机会增进感情、呼吸新鲜空气。如果你能在散步时想出一项运动,这甚至可以成为一种团建形式。

同样,请记住,即使是很小的改变也会产生巨大的影响。首先,减少你们互相发送的电子邮件

综合力提升

的数量。如今，人们的电子邮件收件箱塞得满满当当——但只要给团队下一个简单的通知，就可以免去那些回复"谢谢"和"非常感谢"的礼仪用语邮件，从而减少收件箱中的邮件数量。同样，制定规则，缩短电子邮件长度——把内容控制在无须用拇指向下滚动智能手机屏幕就能看到全部内容（即两到三句话）的范围内。如果超过这个长度，只需在屏幕可见范围的最后加上一句"欲知详情，请看下文"。或者至少你可以教导下属为你提炼摘要，这样你就可以得到主旨内容，而不需要读完一封五段长的邮件后自己归纳重点。

既然我们在讨论导致员工倦怠的电子邮件问题，不妨指导他们更有效地使用主题栏。主题栏如果写"仅供参考"并没有什么帮助，因为没有使用情境来确定优先次序。另一方面，如果主题栏写的是"加州带薪病假计算的更改（需要90天的回溯）"，那么在阅读信息之前你就会对解决方案有更

第三章

激励因素、专业和职业发展

清晰的了解。

除了大量的电子邮件导致了员工倦怠，员工在白天必须参加大量会议是导致员工倦怠的第二大因素。如果每个人每天都有六七个小时在开会，那么就要在下班后或周末处理工作邮件。因此，仔细检查会议清单，把它们写下来，看看哪些会议可以合并或取消，除了保留最关键的会议，对所有会议进行改革。会议过多只会导致信息过载，并不是所有人都需要时刻掌握一切信息。"仅供参考"是有帮助的，但如果这使得人们脱离工作环节、破坏了他们正在进行的工作，就会适得其反了。

也请记住，工作倦怠可能是工作过度或不被重视、沉闷无趣或其他消极原因造成的。由于美国企业不断裁员，大多数公司的职业发展都受到了阻碍，在这样的工作环境中员工很容易缺乏动力。纵向的职业发展不一定已成历史，但由于技术和全球化持续引起变化，当今时代的晋升机会减少了。如果你怀疑人们可能不满自己的日常工作内容，或因无法升职感到沮丧，请不要担心：在短期轮岗或工作跟进培训中便可找到简单的解决方案——员工可以花一个小时、一天或一周与团队其他成员并肩工作，了解其他岗位和重点领域。也许你可以借调一名员工来帮助另一个团队完成某个项目，团队中的其他成员在他临时缺勤时代为工作。

简而言之，如果你的员工害怕在周一早上来上班，或者同事间恶言相向，对你也很不满，那么你就必须介入，找出他们不满的主要原因。你只有提出问题才能寻求答案。你要逐一约谈所有团队成员，询问了解他们是觉得工作量过大还是自身的价值被低估了；询问他们希望团队做出什么改变；或者如果他们能选择改变办公室工作方式，他们会选择改变什么。你要指导员工设计三个休闲活动，旨在减轻工作量、缓解压力或增加锻炼和休息时间。不要忘记公司办公与远程办公结合的好处：允许员

第三章
激励因素、专业和职业发展

工每周在家工作一到两天,可以大大减少通勤压力,同时保障员工有灵活性和独立性,以自己的方式完成工作。如果你给他们留些空间,那么你提高公司员工工作效率的概率就会大大增加。只有征求意见,你才能了解大家的意见。

团队成员缺乏动力也有解决办法。团队成员常见缺乏动力的表现为:缺乏热情、感觉被孤立、生产力下降、整体冷漠或明显的挫折感,解决这些问题无法一蹴而就。在大多数情况下,我们需要讨论、评估和实施真正的、重大的变革。但这是你的管辖范围,作为领导,你在这些工作上有巨大的影响力,可以扭转现状。你有能力重塑员工的职场生活,改造那些表现平平的员工,他们可能会因工作量大而感到疲惫不堪,因事业停滞不前而缺乏动力,或因其贡献不被赏识而感到挫折。然而,与生活中的大多数事情一样,你的经验是由内而来的。改变你的思想,你就会改变你的看法:你可以随时

综合力提升

改变你对某事的看法。利用这个机会来改造你的团队，关注对他们来说很重要的机会，推动每个员工不断进步，积极向上，充满创新意识。

第三章
激励因素、专业和职业发展

员工至上：地位高于客户和股东

奖励月度最佳员工、颁发周年纪念奖、制作表彰简报、丰富名人墙照片和进行现场特别表彰奖等方式都很好。但是，本节的重点不是这些活动和计划，我们要谈论的是提高对一种软技能的认识和敏感性，这可以说是商业成功最关键的驱动力之一：同理心。同理心的核心是认为最有效的认可行为是发生在个人层面的行为。它认为在企业中表达对员工的认可并非小事，而是企业战略的组成部分。

激励性的工作环境取决于：

- 通过沟通建立公开和诚实的关系。
- 以信任为基础形成积极的团队和家庭精神。
- 持续关注职业发展。

综合力提升

因此，它使我们认识到，员工绩效和生产力中最重要的一个变量是员工与其主管之间关系的质量。此外，职场智慧表明，除了养家糊口，工作还让员工有机会有所作为。他们希望了解自己如何融入公司的发展蓝图以及如何做出一番成绩。

因此，在工作实际中，如果重点关注员工敬业度而非客户满意度，那么客户满意度和忠诚度反而可能会更高。这就是为什么企业经常发布使命宣言，试图改变将员工置于最底层（即位于客户、产品和股东之后）的传统顺序。公司正在意识到，他们最重要的资产正是自己的员工。简而言之，公司正在将制定良好的客户服务策略的重点转移到为客户提供服务的员工身上。

HCL科技公司的首席执行官，也就是《员工第一，顾客第二：颠覆传统管理方法》（*Employees First, Customers Second: Turning Conventional Management Upside Down*）一书的作者维尼特·纳

第三章
激励因素、专业和职业发展

亚尔（Vineet Nayar）说，员工是通往客户满意度的大门，如果他们不满意，顾客也不会满意。英国维珍集团的首席执行官理查德·布兰森（Richard Branson）有句名言："让员工快乐等于让顾客快乐。同样，一个不快乐的员工毁掉的不仅仅是一个顾客的品牌体验，而是无数个顾客的品牌体验。"而美国西南航空公司一贯强调其以员工为中心的经营方式和创造长期价值背后的这种理念。

盖洛普公司多年来一直在估算员工的参与度，并在他们的研究中找到了确凿的证据，即一个公司的员工参与度水平与其获利水平成正比。"员工第一"的企业文化可以建立信任，让员工负起责任，为公司创收——因为公司有能力吸引和留住最优秀的人才。此外，他们更有乐趣和创造力。如果客户是你公司的生命线，那么员工就是血管。若你表现出对员工的关心甚至超过对顾客的重视，他们就会得到一个信息：你把员工的幸福放在首位。基于这

综合力提升

一点，你可以鼓励所有这些拥有幸福感的员工，提高他们的生产力——这一切都是出于他们自己的意愿，并非不得已而为之。

领导力是一项特权。作为领导者，你有能力改变生活。你有责任指导员工成为最好的自己。事实上，领导力是职场给予你的最大的礼物，因为它的投资回报呈指数级增长：你培养团队，成为最受欢迎的老板，成为服务型领导的典范，而你也将开明的领导力传递给他人。作为对你付出的回报，其他人学会了培养团队，更加投入自己的事业中，树立了更高的自我意识和职业自省意识，并成为其他人的榜样。运用领导力可以帮助你为团队"增肌"。你现在有机会利用员工各自的优势，让明星员工迎接新的挑战，让表现平平的员工提升业绩，并让所有下属心中有成就感。

是时候尽情发挥你的领导潜力了，将员工的职业和生活在其意义、目的和贡献方面提升到一个

第三章
激励因素、专业和职业发展

新的高度。随着你对于自己是谁和你选择成为谁的基本想法的简单改变,你也获得了增强自我意识和转型变革的天赋。你想要获得什么,就先给予别人什么。你送出的礼物会回到你身边,这是一个完整的循环。感谢你允许我陪伴你走过这一程,指导你掌握积极影响周围人的力量。请记住,最伟大的领导者不是拥有最多追随者的人,反而是培养最多领导者的人。现在机会来了,创造伟大领袖,打造和谐职场,建设一流企业。这在许多方面比你想象中的要简单,也比我们计划中的要容易。伟大的领导力唾手可得,而获得它的最佳途径莫过于给予。毕竟,你无法送出你不曾拥有的东西。充分分享你的领导智慧,使你的生活也成为一份天赐的礼物。